JN411791

북한의 한류

: 기원과 확산, 그리고 통제

[지은이]

김성수 한양대학교 정치외교학과 교수
강동완 동아대학교 하나센터 교수·센터장
서유석 북한연구소 연구실장
전영선 건국대학교 인문학연구원 교수
하승희 동국대학교 북한학연구소 연구초빙교수

한양대학교 미래문화융합연구센터 연구총서

북한의 한류
: 기원과 확산, 그리고 통제

1판 1쇄 인쇄_2026년 02월 15일
1판 1쇄 발행_2026년 02월 25일

지은이_김성수·강동완·서유석·전영선·하승희
엮은곳_한양대학교 미래문화융합연구센터
펴낸이_양정섭

펴낸곳_경진출판
등록_제2010-000004호
이메일_mykyungjin@daum.net
스마트스토어_https://smartstore.naver.com/kyungjinpub/
사업장주소_서울특별시 금천구 시흥대로57길 17(시흥동, 영광빌딩), 203호
전화_070-7550-7776 팩스_02-806-7282

값 15,000원
ISBN 979-11-24168-08-0 93300

한양대학교 미래문화융합연구센터 연구총서

북한의 한류
: 기원과 확산, 그리고 통제

김성수·강동완·서유석·전영선·하승희 지음

펴내는 말

한류, 북한을 흔들 수 있을까

: 북한 한류의 기원과 영향, 그리고 통제

이 책은 한양대학교 미래문화융합연구센터의 연속 기획 시리즈의 성과물이다. 한양대학교 미래문화융합연구센터에서는 우리 사회의 문제와 미래 문화의 방향성을 정립하기 위해서, 각기 다른 전공과 문제의식을 지닌 연구자들을 중심으로 학술대회를 기획하였다. 이 책은 학술대회에서 발표한 옥고를 한 권으로 묶은 연구 총서이다.

이 책의 기획은 한류의 확산으로 북한 한류에 주목하였다. 한류의 세계적 확산은 모두가 인정하는 현실이다. 한류의 시작은 중국이었다. 사회주의 체제의 중국에서 시작한 한류는 '가족애'를 고리로 한 아시아적 가치를 기반으로 확산하였다.

한류(韓流)라는 말 역시 중국에서 시작하였다. 긍정적인 의미는 아니었다. '류(流)'라는 말은 흐름이라는 의미도 있지만 '흘러간다'는 의미도 있다. 한국으로부터 유행한 흐름이기는 하지만 일시적인 현상, 즉 흘러 지나가는 흐름이라는 부정적인 뉘앙스를 담고 있었다.

하지만 한류의 파고는 멈추지 않고, 거센 흐름으로 세계의 문화로 자리 잡았다. 한류는 더 이상 아시아권에 머물지 않고, 세계의 흐름을 주도하고 있다. 한류는 방송 드라마에 그치지 않고, 영화, 음악, 뷰티, 의료, 식생활, 전통문화, 현대문화에 영향력을 미치고 있다. 한류는 문화 차원을 넘어 대한민국의 외교 중심 자원으로 작동하고 있다. 바야흐로 소프트 파워의 중심이 되었다.

한양대학교 미래문화융합연구센터(이하 센터)의 연구도 바로 이 질문으로부터 출발한다. 센터는 K-문화의 확산을 '성과'로만 환원하기보다, 서사가 있는 한국 영상(영화·드라마)을 중심으로 문화가 어떻게 의미를 생산하고 사회적 담론 그리고 관계를 재생산과 재배열하는지를 연구해 왔다.

영상은 시대의 정치·사회 현실을 투영하며 특정한 정서와 판단의 틀을 제시하고, 수용자는 이를 간접 체험의 형태로 받아들여 자신의 정체성과 가치 감각을 다시 조직한다. 센터는 이 과정에서 형성되는 공감·갈등·연대의 경로를 정치·사회학적으로 분석·비평함으로써, 문화가 사회적 긴장을 완화하고 '사회적 가치 공유'의 담론을 열어가는 조건을 심층적으로 탐구해 가고 있다. 사람들은 영화·드라마와 같은 문화 경험을 통해 자기 삶의 현실과 감정을 정리하고, 공동체의 기억을 이야기로 엮어내며, 타자와의 관계를 상상한다. 이런 의미에서 문화는 사회가 자신을 해석하고 세계와 대화할 때 사용하는 하나의 '언어'에 가깝다.

이러한 문제의식은 영화 연구와 사회과학적 연구역량을 결합한 학제 간 공동연구 체계 속에서 구체화되어 왔다. 센터는 영상이 사회적 담론을 형성하는 기능에 주목하고, 공공외교 자원 개발, 세계적 담론 제시, 산학협력 및 민주시민교육 연계, 후속세대 양성 등 연구 성과가 사회적으로 확장되는 경로까지 함께 설계해왔다. 이를 '응답－확산－협력'이라는 키워드로 정리하면, 콘텐츠가 사회의 반응을 불러내는 방식(응답), 그 반응이 플랫폼과 네트워크를 타고 유통·재해석되는 과정(확산), 그리고 서로 다른 문화권과의 접점에서 대화·연대의 가능성이 열리는 조건(협력)을 한 흐름으로 파악하겠다는 뜻이다.

이 접근은 최근 넷플릭스를 필두로 한, OTT와 플랫폼 환경에서 더욱 절실해졌다. 플랫폼은 서사를 '싣는 통로'이면서 동시에 무엇이 누구에게 어떤 맥락으로 도달할지를 좌우하는 노출의 장치이기 때문이다. 센터는 서사 중심의 영상 연구와 사회적 담론 분석을 결합해, OTT 시대의 콘텐츠가 사회적 의미를 어떻게 생산·재구성하는지를 비판적 담론 분석(CDA)으로 추적해 왔다.

현재 한국연구재단 일반공동연구사업으로 진행 중인 「OTT 시대 한국 영상서사의 담론적 확장성 연구」는 이러한 접근을 실증적으로 전개하며, 한국 영상 서사가 단순한 '수용 대상'에 머물지 않고 사회적 실천의 매개로 기능한다는 점을 확인하고자 한다. 나아가 개별 장르의 흥행을 나열하는 방식만으로는 한국 문화의 세계화를 설명하기 어렵다. 공동체가 겪어온 아픔과 회복의 감각이 서사로 조직될 때, 세계의 다양한 수용자들은 그것을 '남의 이야기'로 소비하는 데 그치지 않는다. 자신의 경험과 접속하며 새로운 의미를 생성한다. 그 지점에서 세계화는 단순한 수출이나 유행을 넘어, 공통의 문제를 둘러싼 담론의 층위로 심화될 수 있다.

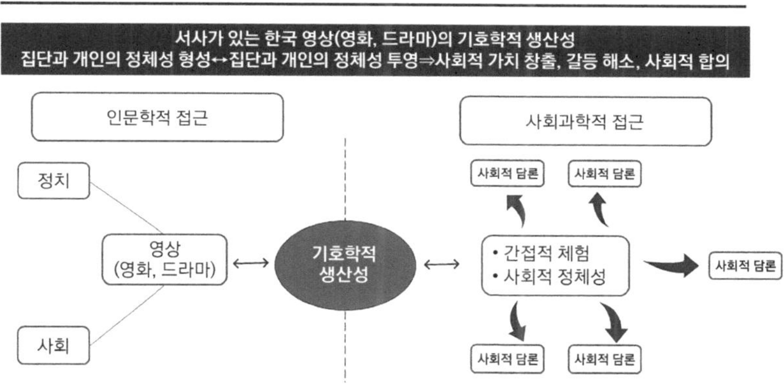

센터의 비전은 문화의 '확산'만이 아니라 '지속가능성'에 방점을 둔다. 이를 위해 센터는 (1) 글로벌 권역별 수용성 분석에 기반한 맞춤형 문화전략, (2) 서사 구조 및 담론 분석의 고도화, (3) 문화예술정책 전문가 양성과 글로벌 유통 네트워크 확장이라는 세 방향을 서로 분리하지 않고, 연구–교육–확산이 맞물리는 체계로 추진해 왔다.

같은 콘텐츠도 권역과 문화권에 따라 다르게 읽히며, 그 차이는 때로 오해를 낳기도 하지만 새로운 연대와 상호이해의 가능성도 연다. 따라서 여기서 말하는 전략은 성공 공식을 그대로 복제하는 일이 아니라, 문화권마다 다른 언어·규범·감수성과 플랫폼 환경을 고려해 번역·홍보·유통·소통의 방식을 조정하고 설계함으로써, 수용 과정에서 발생할 수 있는 의미의 왜곡을 최소화하고 공감의 접점을 넓혀 K-문화가 장기적으로 지속될 수 있게 하는 일에 가깝다.

아울러 센터는 문화가 한국 사회 내부의 통합과 회복에도 기여할 수 있다고 본다. 서사는 콘텐츠의 형식인 동시에 갈등을 완화하고 공동체를 묶어내는 문화자본이기도 하다. 이념·세대·젠더 갈등이 교차하는 현실에서, '갈라치기'의 언어를 '어우르기'의 서사로 전환하는 감수성을 회복하는 일은—느리지만—사회적 지속가능성의 조건이 된다. 이 책이 산업화·민주화·세계화라는 세 개의 좌표를 따라 K-문화의 조건을 추적하는 이유도, 세계화가 외부의 시선만이 아니라 내부의 사회적 정당성과 맞물려 있다는 점을 확인하기 위해서다.

이 책은 북한 내 한류의 기원과 확산 과정, 그리고 이에 대응하는 북한 당국의 통제 기제를 다각도로 조명하였다. 조셉 나이의 소프트 파워 이론을 바탕으로 한류의 유입 경로와 역사적 의미를 짚어보는 것을 시작으로, 공연 예술의 변화, 소비재 디자인에 투영된 한류의 흔적, 그리고 법적·사회적 통제 현황에 이르기까지 총 4가지의 핵심 논문을 통해 북한 사회의 변화상을 분석하였다.

서유석의 「한류의 역사와 북한 한류의 의미: 소프트 파워(Soft Power) 이론을 중심으로」는 한류를 한국이 보유한 대표적인 소프트 파워 자산으로 규정하고, 이것이 북한 주민의 일상적 감수성과 인식 구조를 어떻게 변화시키는지 분석하였다. 서유석은 1990년대 말 중국에서 시작된 한류의 역사적 흐름과 함께, 북한에는 '고난의 행군' 이후 장마당 경제가 활성화되면서 비공식적 경로(USB, SD카드 등)를 통해 유입되었고, 일상으로 자리 잡았다. 한류는 북한 주민들에게 남한 사회에 대한 동경과 현실에 대한 '비교의식'을 심어주었으며, 이는 단순한 문화 향유를 넘어 체제에 대한 묵시적 불만이나 의식 변화를 이끌어 내는 소프트 파워로 작동하고 있다고 하였다.

하승희의 「한류의 시대, 다시 설계되는 북한의 공연 무대」는 외부 정보의 유입과 세계적 문화 트렌드에 대응하여 북한의 공연예술이 어떻게 현대화되고 있는지를 다루었다. 하승희는 북한 공연예술의 두 가지 변화 양상에 주목하였다. 하나는 기술과 감각의 변화이다. 과거의 가극이나 집단체조 방식에서 벗어나, 최근 북한 공연은 드론, 레이저, 대형 LED 스크린, 미디어 파사드 등 첨단 기술을 적극적으로 활용하며 시각적 효과를 극대화하는 양상으로의 변화이다. 다른 하나는 연출 전략의 재편이다. 공연에서 지도자의 직접적인 이미지는 희미해지는 대신 '조국'과 '국가' 상징이 강조되는 경향을 보인다는 점이다. 이는 한류 등 외부 문화에 익숙해진 젊은 세대의 감각을 포섭하고 체제 내부의 논리에 맞게 '번역'하여 통제가능한 질서를 유지하려는 전략적 선택으로 평가할 수 있는 점이다.

강동완의 「북한상품 디자인에 깃든 한류: 생활쓰레기 분석을 중심으로」은 해안가(동해안)로 떠내려온 북한의 생활 쓰레기(식료품 포장재)를 분석하여, 북한 소비재 디자인에 미친 한류의 영향력을 실증적으로 제시하였다. 강동완은 북한의 식료품(라면, 사탕, 음료 등) 포장지 디자인이 한국의 유명 제품(신라면, 불닭볶음면, 죠리퐁 등)의 색상, 구도, 캐릭터를 그대로 모방하거나 도용하고 있는 사례를 다수 제시하였다. 나아가 한류로 인해 변화된 산업디자인에 주목하였다. 북한 당국은 '인민생활 향상'과 '우리식' 디자인을 강조하면서도, 실제로는 한류 콘텐츠를 통해 익숙해진 남한 제품의 디자인적 요소를 반영하여 주민들의 문화적 욕구를 충족시키려 한다는 것이다.

전영선의 「한류에 대한 사회 통제: 교양과 처벌을 중심으로」는 한류의 확산에 위기감을 느낀 북한 당국이 시행하고 있는 강력한 사회 통제와 법적 장치를 고찰하였다. 전영선은 북한 당국의 한류 대응 방식을 두 가지로 보았다. 하나는 조선중앙TV의 영상 기법을 현대화하는 등 내부 콘텐츠의 경쟁력을 높이는 것이고, 다른 하나는 사상 교육(우리 국가제일주의)을 강화하여 외부 문화의 침투를 막으려는 것이다. 북한 당국의 문화적 대응은 한계가 있기에 강력한 법적 통제를 강화하고 있다고 주장한다. 법적 통제는 특히 2020년 이후로 강화되었다. 「반동사상문화배격법」, 「청년교양보장법」, 「평양문화어보호법」 등을 잇달아 제정하여, 남한식 말투나 영상물 시청에 대해 공개 처형을 포함한 극형에 처하는 등 공포에 기반한 강력한 차단 정책을 펼치고 있다는 것을 북한 법과 언론을 통해 밝혔다.

결론적으로 이 책은 한류가 북한 주민의 내면과 일상을 파고드는 강력한 기제로 작동하고 있으며, 이에 대응하는 북한 당국의 통제 노력이 '문화적 매혹'과 '체제 수호의 하드 파워' 사이의 갈등으로 나타나고 있음을 종합적으로 보여준다.

하지만 연구의 한계도 분명하다. 직접적인 설문이나 응답을 받을 수 없기 때문이다. 꾸준한 관심과 분석을 통해, 북한 한류에 대한 지속적인 관심과 연구가 이루어질 때, 심화 연구로 이어질 것이다.

마지막으로, 이 총서의 발간을 위해 귀한 원고를 보내주신 필자님들과 학술대회에서, 연구 완성도를 높여주신 모든 분께 깊이 감사드린다. 이 책을 통해 한류가 한국 사회의 변화를 넘어 세계 문화 변화에 강력한 영향을 미쳤듯이, 북한 사회 변화에도 영향을 미치고, 북한 주민의 인식 지평을 확장하는 데 기여할 수 있게 되기를 기원한다.

한양대학교 정치외교학과 교수
미래문화융합연구센터 센터장 김성수

차례

펴내는 말: 한류, 북한을 흔들 수 있을까(김성수) — 4

한류의 역사와 북한 한류의 의미 — 15
: 조셉 나이의 소프트 파워(Soft Power) 이론 적용을 중심으로 서유석

1. 한류, 소프트파워, 북한 한류 …… 15
2. '한류'의 역사 …… 19
   '한류' 용어의 탄생 — 19
   '한류'의 확산: 드라마 — 20
   '한류'의 확산: K-pop — 22
   '한류'의 확산: OTT — 24
3. 한류의 북한 유입 …… 26
   경로와 매체 — 26
   북한의 첫 한류(?), 임수경 — 29
   태동기: 1990년대 후반 — 31
   확산기: 2003년~2019년 — 32
   차단기: 2020년 이후 — 33
4. 북한 한류와 소프트 파워 논의 …… 34
   한류와 소프트 파워에 관한 논의 — 34
   북한 한류와 외부 정보 유입에 관한 연구 — 38
5. 조셉 나이 소프트 파워 주요 개념 …… 42
   권력 개념과 하드 파워·소프트 파워 — 42
   소프트 파워와 스마트 파워 — 45
   소프트 파워의 자원: 문화·정치적 가치·외교정책 — 47
6. 북한으로의 한류 유입이 갖는 의미 …… 49

한류의 시대, 다시 설계되는 북한의 공연 무대 ___ 59

하승희

1. 우리가 알고 있던 북한의 공연 ········ 59
2. 달라진 북한 공연 ········ 65
3. 공연에서 희미해지는 지도자 이미지 ········ 75
4. 감각의 변화와 새로운 기준 ········ 78

북한상품 디자인에 깃든 한류 ___ 83

: 북한 생활쓰레기 분석을 중심으로

강동완

1. 생활쓰레기에서 한류를 찾다 ········ 83
2. 왜 생활쓰레기인가 ········ 87
   북한 포장재 쓰레기 연구 의미 ___ 87
   북한 포장재 쓰레기 종류 ___ 88
   북한 포장재 쓰레기 수집 ___ 89
3. 개별상품의 현황과 특성 ········ 90
   유제품류 ___ 90
   음료류 ___ 93
   빙과류 ___ 98
   당과류 ___ 100
   가공식품류 ___ 106
4. 식료품류 상품의 특징 ········ 108
   식료품의 특정 맛이나 주원료를 강조 ___ 108
   효능을 검증할 수 없는 허위, 과장광고 ___ 109
   식품의 친근감을 강조하는 캐릭터와 서체 ___ 114
   식품포장재의 한류 ___ 120
5. 나가는 말 ········ 123

한류에 대한 사회 통제 ___ 129

: 교양과 처벌을 중심으로

전영선

1. 휴전선을 넘은 한류 ······ 129
한류 확산의 이유 ___ 129
한류, 북한을 변화시킬 것인가? ___ 130
북한 내 한류 확산 ___ 131
북한의 대응과 통제 ___ 132
2. 북한 내 한류의 영향 ······ 134
북한 주민의 의식 변화 ___ 134
북한 주민의 생활양식 변화 ___ 136
3. 한류에 대한 대응 ······ 138
외부 문화에 대한 제한적 허용 ___ 138
'우리 국가제일주의'를 통한 '애국' 교양 강화 ___ 140
4. 한류 대응으로서 교양 ······ 144
하노이 회담 이후 강화된 사회통제 ___ 144
'도덕기풍' 강화 ___ 147
청년교양 강화 ___ 149
5. 준법기풍과 법적 통제 ······ 154
준법기풍 ___ 154
문화통제 법제 ___ 157
6. 한류 통제는 가능할까 ······ 165

지은이 소개 ___ 175

한류의 역사와 북한 한류의 의미

: 조셉 나이의 소프트 파워(Soft Power) 이론 적용을 중심으로

서유석

1. 한류, 소프트파워, 북한 한류

'한류(韓流)'는 1990년대 말 이후 한국의 드라마·대중가요·영화·게임·뷰티·음식 등 대중문화가 전 세계에 확산되며, 한국의 문화적 위상과 국가 이미지가 크게 제고되었던 현상을 통칭한 의미다. '한류(韓流)'는 말 그대로 "한국(韓)의 흐름(流)", 즉 K-콘텐츠가 유행하는 현상을 뜻하는 한자로 만들어진 신조어로, 그 기원은 중국권 언론이 1990년대 말 한국 드라마·가요가 중국에서 폭발적인 인기를 얻자 이를 설명하려고 만든 신조어라는 설이 유력하다.

한류라는 말은 1999년 11월 19일 중국 『북경청년보(北京青年報)』가 '韩流(한류, hanliu)'를 사용했다는 주장이 있고, 더 거슬러 올라가면 1998년 12월 17일 대만 『연합만보』와 1997년 12월 12일

대만 『중국시보』에 등장했다고 알려진다.1)

그만큼 당시 중국에서 한국 문화의 열풍은 사회 현상으로 취급될 정도로 붐을 이루었다. 그리고 그러한 흐름은 1990년대 중반 북한이 '고난의 행군'으로 배급제도가 사라지고 그 자리를 장마당 경제가 대신하게 되면서 중국을 통해 생필품을 비롯한 한국의 다양한 문화 컨텐츠들이 유입되면서 북한 역시 '한류'의 영향을 강하게 받게 됐다.

이렇게 1990년대부터 한국의 대중문화는 동아시아 지역에서 확산 현상을 보였고, 한국의 드라마, 노래, 영화, 게임, 웹툰, 뷰티, 음식 등 모든 문화 영역이 전 세계적으로 퍼져나가면서 인기를 끌고 있는 상황이다. 더 나아가 '한류'는 한국의 국가 경제, 외교 영역에서도 긍정적 영향을 미치고 있다. 때문에 주요 외신들은 이러한 '한류'를 한국이 보유한 가장 대표적인 소프트 파워이자 문화외교(cultural diplomacy)의 수단이 되고 있다고 평가했다.2)

'소프트 파워(soft power)'의 개념은 조셉 나이가 제시했는데, 이는 냉전 종식 이후 국제정치에서 군사력과 경제력만으로 설명되기 어려운 현상들을 설명하기 위해 만들어졌다. 즉, 국제정치의 현실은 더 이상 군사력과 국내총생산(GDP) 같은 전통적 지표만으로는 해석되지 않는, 문화·가치·신뢰·이미지 등 비가시적·비물질적 요소가 중요한 요소로 작용하는 모습을 보였기 때문이었다. 이러한 맥락에서 '소프트 파워(soft power)' 개념은 국제정치 분석에서 중요한 요인 가운데 하나로 자리 잡았다.

그러한 의미에서 현재 한류는 한국의 문화적 매력을 통해 국내외에서 광범위한 영향력을 행사하고 있으며, 북한 내부에서도 주민들의 일상 감수성과 인식 구조를 점진적으로 변화시키는 요인으로 작용하고 있다는 점에서 '소프트 파워'의 개념이 적용될 가능성이 높은 것으로 평가된다. 다만, 한류가 문화 영역에 편중됐다는 점, 한국의 정치적 가치 및 외교정책과의 정합성이 충분히 확보되지 못한 점, 북한 당국의 강력한 통제와 역효과 가능성 등은 한류에 '소프트 파워'의 개념을 대입시키는데 있어서 한계로 지적할 수 있을 것이다.

이 글에서는 한류와 관련한 선행 연구 검토를 바탕으로, 먼저, 조셉 나이의 소프트 파워 이론과 소프트 파워의 주요 개념을 정리하고, 나아가 북한에 유입된 한류의 경로와 역사, 그리고 한류가 갖는 의미 등을 살펴보도록 하겠다.

즉, 조셉 나이의 소프트 파워 이론을 토대로, 한류가 한국의 소프트 파워로서 어떤 의미를 가지는지, 그리고 한류가 북한이라는 특수한 사회 안으로 어떻게 전파되었는지의 시계열적 과정을 살펴보고자 한다. 이를 통해 한류를 단순한 "문화 확산의 성공"으로 보는 시각을 넘어, 한반도 내에서 어떤 방향성과 한계를 갖는지를 조명해 보고자 한다.

K-POP
K-CINEMA
K-DRAMA

2. '한류'의 역사

'한류' 용어의 탄생

한류(韓流, Hallyu)는 한국의 대중문화가 국경을 넘어 전세계적으로 소비되며 확산되는 현상을 가리키는 용어다. 1990년대 후반 동아시아를 중심으로 한국 드라마와 대중음악이 유행하면서 하나의 '현상'으로 나타났고 이후 생활양식을 포함한 더 많은 문화적 컨텐츠들로 외연이 확장되면서 정식 용어로 자리잡게 됐다.

여기서 재미있는 점은 '한류'라는 명칭 자체가 초기부터 외부의 시각(특히 중화권 미디어의 명명)에 의해 만들어졌다는 사실이다. 한류의 태동은 중국에서 시작됐다.

KOFICE(한국국제문화교류진흥원)의 백서에 따르면 1990년대 말~2000년대 초 중화권에서 한국 대중문화의 유입과 인기를 "Korean Wave(한류)"로 지칭했다. 그런데 그 속에는 한류가 '일시적 유행'일 것이라는 부정적 뉘앙스를 갖고 있었다는 점이 재미있다. 지금도 마찬가지지만 중화 문화권은 자신들이 아시아 문명의 중심국이라는 생각을 강하게 갖고 있기 때문에 아시아 지역에서 자신들을 제외한 어떤 국가로부터 문화적 '세례'를 받는다는 사실 자체를 부정하고자 하는 심리가 자리 잡고 있었다.

하지만, 정작 '한류(韓流)'라는 용어를 만들어냈던 중화권 매체들의 바램과는 다르게 한류는 전세계로 더욱 확장되는 모습을 보이면서 보편적인 문화현상이 되어 가고 있는 상황이다.

'한류'의 확산: 드라마

이제 '한류'는 드라마와 영화 등 영상과 K-pop이나 예능프로그램, 먹거리 등 다양한 컨텐츠를 포함하고 있고 나아가 수용자들의 다양한 한국식 '따라하기'까지 포함하는 개념이 되었다.

이 시기는 정확하게는 1990년대 후반이었다. 1997년 중국 CCTV에서 방영된 한국 드라마가 의외로 중국인들에게 큰 반응을 얻었고, 이후 여러 한국 드라마가 중국 지상파로 확산되는 양상을 보이기 시작했다. 이 당시 중국 지상파로 한국 드라마가 인기를 끌기 시작한 시점을 "한류 1.0"이라고 부르기도 한다.[3] 이 당시 "한류"라는 명칭도 국내 보도에서는 등장하지 않았고 중국 언론에서 먼저 한국 드라마의 유행을 지칭하면서 만들어졌다.

중국에서의 한류 인기가 올라가면서 바로 직후에 나타난 것이 일본과 동남아로의 확산이었다. 시기적으로 2003년부터 2008년까지 인데 그 포문을 연 것은 바로 드라마 '겨울연가'였다.

우리에게는 주연배우인 배용준을 뜻하는 '욘사마'라는 단어가 회자되던 시기이기도 했다. 당시 '욘사마'는 일본에서의 한류 인기를 나타내는 대표적인 말이었다. 일본에서의 '겨울연가' 열풍은 일본 공영방송 NHK를 통한 전국 방송을 통해서도 확인될 정도로 뜨거웠다. 이는 한국 드라마가 단순한 방송용 콘텐츠를 넘어 일본 대중들에게 한국에 대한 이미지를 개선시키는 분수령으로 작용했다는 점도 주목되는 현상이었다.[4]

이때 한류는 단순히 연예나 문화 확산을 넘어 사회나 경제적 측면의 의미도 다루어졌다. 한국 드라마의 인기로 인한 특정 배우의 '팬덤' 현상이 곧바로 관광과 상품 소비로 이어지는 경로가 만들어지는 계기가 되기도 했다. 즉, 이 시기의 '겨울연가' 이후로 한류 문화는 뜨거운 팬덤이 한국 방문과 소비로 이어지는 행태가 조성됐다고 할 수 있다.

당시 일본에서 한류는 '겨울연가'가 이끌었다면 다시 중화권을 비롯한 동남아시아와 중동에서는 '대장금'의 열풍이 불었다. '대장금' 역시 일본 공영방송 NHK를 통해 일본 전역에 방송됐고 '대장금'의 인기로 인해 촬영지와 관광 상품이 결합되어 등장하

초기 한류를 이끌었던 드라마

기 시작했다. 즉, '콘텐츠 → 방문(관광) → 산업'의 선순환 구조가 형성된 것이다. 눈에 띄는 부분은 아시아와 문화가 다른 중동 지역에서도 한국 드라마가 인기를 얻으면서 문화파급력이 더욱 확장되는 모습을 보였다는 점이다.[5)]

'한류'의 확산: K-pop

드라마의 인기는 이어서 K-pop이라 불리는 글로벌 음원 및 공연 영역으로 확대되기 시작했다. 시기적으로 2009년에서 2011년에 폭발적으로 증가했다. 그 포문을 연 것은 2009년 원더걸스의 'Nobody'가 빌보드 'Hot 100'에 진입(76위)하면서부터다. 이어서 원더걸스는 유럽 공연으로까지 영역을 확장했고 온라인 영역을 통해 전세계적인 확산이 이어졌다.

이 시기부터 한류는 단순한 공중파 방송의 드라마 수출뿐만이 아니라, 온라인을 통한 국제적 팬덤을 기반으로 한 공연, 플래시몹, SNS과 같은 디지털 환경의 변화와 맞물리면서 확산이 이루어진 것이 특징이다.

그리고 한류 컨텐츠가 본격적으로 유투브와 결합하면서 전세계적 전파력을 보여준 뮤직비디오가 등장했다. 2012년 바로 싸이의 '강남스타일'이다. 이미 원더걸스를 통해 한류 컨텐츠의 세계화를 경험했지만 보다 적극적 의미에서의 글로벌 대중문화라는 인식은 없었다.

싸이의 '강남스타일'은 그 인식의 지평을 지구촌으로 확대하는

한류의 확산을 이끈 〈강남스타일〉 뮤직비디오 캡쳐

데 큰 역할을 했다. 2012년에 '강남스타일'은 유튜브 10억 뷰 돌파를 보도하면서 단일 콘텐츠도 글로벌 플랫폼을 통하면 세계적 소비로 연결될 수 있다는 가능성을 보여줬다.6) 그리고 2014년에는 조회수 20억 돌파하면서 싸이의 '강남스타일'은 플랫폼 지표상으로 한류가 세계적으로 충분히 성공할 수 있는 저력을 갖고 있는 '소프트 파워'임을 보여주는 사례가 됐다.

물론, 싸이의 '강남스타일' 이후에도 BTS의 세계적 펜덤 형성과 영화 '기생충'(2020)의 세계적 히트가 연이어 보도됐다. BTS의 '다이너마이트'가 빌보드 'Hot 100' 1위를 차지했다는 소식이 나왔다.

외신들도 "한국 그룹이 미국 대중음악의 핵심 차트 정상을 밟았다"는 소식을 전했다. 영화 '기생충' 역시 아카데미 4관왕이라는 쾌거를 달성하면서 한류 문화가 단순히 한 지역에서만 통하는 문화 코드가 아니라는 점을 각인시켰다.

'한류'의 확산: OTT

마지막으로 인터넷과 유트브라는 매체를 통해 전파되던 한류는 OTT 시대를 맞아 또 다른 한류 컨텐츠를 전파시켰다. '오징어 게임'으로 통칭되는 K-콘텐츠의 글로벌 확산의 시대를 맞이하게 된 것이다. 2020년대 한류 전개의 중심에는 OTT(스트리밍) 플랫폼이 자리잡고 있었다.

2021년 넷플릭스는 '오징어 게임'이 1억 1100만 구독 가구를

OTT를 통해 세계적인 트랜드로 자리 잡은 한류

달성했다는 사실을 전하면서 OTT가 한 작품을 전 세계 동시 유행으로 만들 수 있다는 점을 보여줬다.7) OTT 시기의 특징은 글로벌 동시 공개와 자막/더빙을 통한 즉각 확산 등으로 설명될 수 있는데 이는 한류 컨텐츠 확산의 실시간성이 강화되었음을 의미한다. 최근 '케데헌' 열풍 역시 이러한 OTT 시대의 또 다른 성공사례라 할 수 있을 것이다.

즉, 정리하자면 한류의 확산과 전개 과정은 한류를 전달하는 수단의 변화와 맥을 같이 한다고 할 수 있다. 현재 한류의 전개는 디지털 플랫폼 기반의 세계화라는 기술적 변화와 맞물려 거의 실시간으로 전달되는 특성을 갖고 있다.

이러한 한류 전달 수단의 변화와 관련하여 편의상 한류 1.0/2.0 등으로 구분하기도 한다. 하지만, 여기서 중요한 점은 방송 중심에서 소셜미디어나 플랫폼 중심으로 변화하고 있다는 점이다. 그래서 초기 한류라 할 수 있는 1.0의 시대인 1990년대 후반~2000년대 중후반에는 드라마와 영화 등 방송영상 콘텐츠의 수출이 동아시아권에서 확산되며 한류가 본격적으로 알려지기 시작했고 한류 2.0이라 불리는 2007년이후부터 2010년대까지는 유튜브·SNS·스마트폰 등을 통한 확산이, 그리고 2020년부터는 OTT를 통한 확산을 중요한 특징이라 할 수 있을 것이다.8)

3. 한류의 북한 유입

경로와 매체

한류의 북한 유입 과정에서 중요한 것은, 한류의 세계적 전개 방식과는 달리 북중 국경 무역을 통해 전파되었다는 점이다. 즉, 세계 다른 국가들에 전파되었던 방식과는 다른 형태로 유입됐다. 특히, 북한에서 한류는 정상적인 문화적 유통이 아니라, 북한 통제 체제의 균열과 그 틈새를 통한 유입이라는 특성도 있다.

물론, 한류 컨텐츠의 유입 방식뿐 아니라 전파 방식 역시 '불법'적 방식을 통해 확산됐다. 한류를 차단하려는 북한 당국의 입장에서도 '불법'이었지만 문화컨텐츠를 만든 제조자의 입장에서도 '불법' 복제를 통해 전파됐다.

때문에 북한으로의 한류 유입의 경로는 비교적 단순했다. 물리적 장소는 국경 접경지역이었고 방식은 공식과 비공식적 교역을 통해 들어갔다. 시기적으로는 1990년대 중후반 '고난의 행군' 이후 장마당이 활성화되면서 국가-개인 관계에서 사적 영역이 점차 넓어지기 시작했다. 이 과정에서 과거에는 처벌 대상이던 밀수와 미디어 시청이 주민들의 일상생활을 파고 들었지만 북한 당국도 거의 손을 놓을 수밖에 없을 정도로 파급력이 컸다.

한류 문화를 담은 콘텐츠는 주로 개인간 비공식 거래를 통해 확산됐는데 북한 당국의 잦은 검열에도 불구하고 이 컨텐츠가 거래대상이다 보니 통제를 담당하는 기관이나 보안원들 역시 이 한류 컨텐츠를 공유하면서 확산이 지속됐다.

특히, USB의 보급은 확산에 큰 역할을 했다. 기존에 DVD 등 알판이라 불리는 기기를 통해 전파되는 것에 비해 월등히 빠른 전파가 가능하게 만들었다. 이러한 신기술에 의한 기기의 발전은 한류 컨텐츠의 은닉과 확산을 쉽게 만들었다. 저장매체의 사이즈가 줄었지만 더 많은 용량을 담을 수 있는 형태로 기술적 진화가 이루어지면서 한류 확산이 더욱 쉽게 될 수 있었다. 마치, 한류의 세계적 확산이 전달 매체의 기술적 발전이나 진화에 따라 이루어졌었던처럼 북한에서의 한류 확산에서도 기기의 발달은 중요한

북한에 유통되고 있는 다양한 USB(『데일리 NK』 자료).

확산 요인으로 작용했다.

현재까지 한류 확산으로 활용되고 있는 기기들은 MP4, TV, 휴대전화, microSD, USB로 보인다. 여기에 전달되는 경로는 주로 북중 국경 지역다. 하지만 그 외에도 풍선, 드론, 빈병 등이 사용되었다는 소식도 있다.[9] 유입 경로 가운데 최근에 주목받고 있는 것은 드론을 활용한 살포라 할 수 있다. 우크라이나 전쟁으로 드론이 새롭게 주목받고 있는 상황에서 드론이 한류 유입 경로로도 활용되고 있다는 사실을 동아일보가 보도했다.

이 밖에도 일부 접경 지역에서는 남한의 방송 전파를 통해 TV 수신으로 한국 방송을 시청한다는 보도도 나왔다. 국경 인근에서 남한 방송을 수신해 본 경험을 있다는 증언도 나왔고 데일리NK

북한에 유통되고 있는 다양한 USB(『데일리 NK』 자료).

는 더 이른 시기부터 중국이나 일본산 안테나 등을 통해 남한 방송을 은밀히 시청한다고 보도했다.[10)]

현재까지 진행된 북한으로의 한류 유입 방식은 크게 세 가지로 볼 수 있다. 하나는 가장 많은 거래가 이루어지고 있는 북중 국경 지역을 통한 유통이고 다른 하나는 드론, 풍선 등 휴전선 인근에서 물리적 방식을 통해 살포하는 방식이다. 마지막으로 그동안 전통적으로 진행됐던 라디오와 TV 등을 통한 직접 전파 방식이다.

북한의 첫 한류(?), 임수경

일반적으로 한류가 북한으로 유입되는 과정은 크게 1990년대의 태동기와 2000년대 이후의 확산기, 그리고 2020년대 이후의 차단기로 나눌 수 있다.

하지만, 이러한 공식적인 구분 이전인 1989년에 한류의 시초라고 할 수 있는 사건도 있었다. 그것은 바로 임수경의 방북으로 촉발된 남북한 모두에게 의도치 않던 한류였다. 당시 임수경 방북 이후 북한 사회는 홍역을 앓았던 것으로 전해진다. 크게 보면 우선, 임수경의 당당한 태도에서 북한의 청년들이 충격을 받았다는 증언들이 나왔다.[11)] 마찬가지로 당시 임수경의 청바지와 티셔츠 차림 역시 북한 청년들에게는 큰 충격이었다는 증언도 있다.[12)]

당시 북한 청년들은 단편적이지만 임수경의 등장으로 인해 자신들의 체제를 돌아보게 되었다. 이는 결국 묵시적인 체제 불만을 내포하게 만든 계기로 작용했다고 볼 수 있다. 왜냐하면, 그동안 북한 당국의 선전 내용과 다른 점을 '임수경'을 통해 봤기 때문이다. 이후 부분적이지만 그동안 북한 당국이 양키 문화라고 선전하던 청바지가 몰래 유통되는 사례도 나타났던 것으로 알려졌다.

체제에 길들어져 수동적 문화가 퍼져있던 북한 젊은이들의 눈에, 당당하게 자신의 의사를 말하던 임수경은 분명 '신선한 충격'으로 다가왔을 것이다.

게다가 임수경이 남한으로 귀환한 이후 임수경 본인이나 가족들이 크게 처벌받았을 것이란 북한 당국의 기대와는 다르게 임수경 본인만 5년 형을 받는 데 그쳤고 가족들도 전혀 처벌받지 않았

북한 주민들에게 큰 반향을 일으켰던 임수경의 방북

다는 사실이 전달되면서 '2차 충격'을 받았다는 증언도 나왔다. 연좌제가 당연시되던 북한의 상황에서 임수경 방북은 여러모로 큰 문화적 충격을 안겨준 사건이었다.

태동기: 1990년대 후반

1990년대 후반 북한 사회를 휩쓴 경제위기와 배급체계 약화는 주민들의 생존권 문제와 직결된 심각한 사회 문제였다. 북한 주민들은 그야말로 먹고살기 위해 사적 거래와 장사를 통해 먹는 문제를 해결할 수밖에 없었고 이에 따라 장마당을 중심으로 한 비공식 유통망이 급속하게 성장하게 됐다.

이 단계에서 한류는 아직 전국적 확산이라기보다는 비공식 무역을 통해 들어오는 재화의 일부분이었다. 당시 북한의 장마당과 관련한 연구에서도 1990년대 중반 이후 인구의 지역 간 이동과 비공식 경제활동이 늘면서 남한 영상물 유통의 사회적 네트워크가 형성되기 시작한 것으로 설명한다.

이 시기에는 주로 VHS 비디오 테입 등 비교적 구형 매체를 통해 관련 컨텐츠들이 유통됐는데 비디오를 보기 위해서는 비디오 테크가 필요했다는 점에서 한류 문화의 확산은 제한적일 수밖에 없었다. 그리고 한류 확산이 크게 확대되기 시작한 결정적 계기는 바로 복제와 운반이 쉬운 디스크(알판)의 유통이었다. 비교적 보관과 유통이 간편한 얇은 CD나 DVD를 통해 한류 영상들이 무제한적으로 복제되어 전국으로 퍼져나가게 됐다.

이 시기에 북한 당국은 외부 문화 차단을 목적으로 단속을 진행했으나 공개적 장소가 아닌 사적 영역에서 확산되고 있던 한류 영상들을 모두 차단하는 것은 불가능했고 이에 대한 북한 당국의 위기 의식(?) 역시 높지 않은 상황이었다.

확산기: 2003년~2019년

이러한 초창기의 한류 태동기를 지나, 2003년 이후부터는 본격적으로 한류 문화 컨텐츠들이 확산되기 시작했다. 물론, 이 당시 한류 컨텐츠들이 확산되는데 가장 큰 역할을 한 것은 바로 기술적 진보에 의한 저장매체의 소형화에 있었다. 디스크를 비롯한 USB 등 대용량의 정보를 담을 수 있으면서 일반 단말기가 아니라 PC만 있어도 볼 수 있는 저장 장치들이 보급되면서 동시에 한류

북한 태블릿PC의 '아침'(2017)의 초기 화면.

컨텐츠 역시 빠른 속도로 퍼져나갔다.

때문에, 이러한 저장 장치의 유통은 사적 거래를 통해 구매뿐 아니라 대여하는 형태로도 퍼져나갔다. 북한 당국은 이러한 불법 유통물들이 기하급수적으로 증가하자 이에 대한 단속도 점차 단순한 기술적 검사에서 생활규범 단속으로 확장되는 모습을 보였다. 즉, 처벌을 위한 단속과 사회적 계도가 동시에 진행되기 시작한 것이다. 통제는 지속됐지만, 단속이 강할수록 유통은 더 작은 단위로 쪼개지고, 신뢰적 관계망을 통한 사적 거래는 지속적으로 확대됐다.

차단기: 2020년 이후

한류 확산에 브레이크가 걸리기 시작한 것은 코로나19 이후 북한 당국이 국경을 강하게 봉쇄하며 밀수 루트가 급감하면서부터다. 코로나 팬데믹 봉쇄가 밀수 경로를 크게 위축시켰다.

그럼에도 이미 내부에 존재하는 한류 컨텐츠들은 재복제 등을 통해 순환됐다. 북한 주민들은 보다 더 사적인 관계망 속에서 이러한 한류 컨텐츠들을 통해 본격적으로 한류 문화가 전국적으로 확산되는 현상을 보이기 시작했다.

북한 당국은 이 시기를 전후로 보다 강도 높은 단속의지를 보이기 시작했다. 왜냐하면 북한 사회에서 한류 컨텐츠의 확산으로 인해 나타나는 사회적 현상의 심각성을 인식했기 때문이었다. 북한 당국은 한국식 문화적 흔적인 말투와 복식 등까지 통제 대상으로 확장함으로써, 3대 악법이라 불리는 형태의 법제도적 장치까지 마련하기 시작했다.

소위 한류 문화의 단속 상시화와 기술 감시 심화가 시작된 것이었다. 처벌의 수위는 공개처형이 이루어질 정도로 강도가 높아졌다. 즉, 공포에 기반한 억지 정책이 빠르게 자리를 잡기 시작했다. 이 시기 북한 당국의 통제 정도에 대해서는 UN 인권위원회 등을 통해 전 세계에 알려지기 시작했다. 북한 당국의 강력한 한류 통제 정책이 곧 반인권적 문제로 국제사회에 보고되기 시작한 것이었다.

4. 북한 한류와 소프트 파워 논의

한류와 소프트 파워에 관한 논의

한류와 소프트 파워의 관계에 대한 이론적·실증적 논의는 2000년대 중반 이후 등장하기 시작했다. 이근(2007)은 「한류와 한국의 연성권력(soft power), 대민외교」[13)]에서 조셉 나이의 소프트 파워 개념을 한국의 사례에 적용하여, 한류를 한국의 연성권력 자원으로 파악하고, 이를 뒷받침하는 대민외교(public diplomacy)의 필요성을 제기하였다.

이근은 소프트 파워 개념과 한국의 연성권력 자원을 정리하고, 한류가 어떤 방식으로 연성권력의 원천이 되는지 분석하면서 그 기반 위에서 한류의 '외교수단화', 즉 공공외교 전략으로의 활용 방안을 모색했다. 그는 한류를 단순한 '문화수출'이 아니라 공공외교 수단으로 체계화할 필요가 있다고 주장하며, 문화 외교의 제도화, 교육·인적 교류와 연결하여 장기적으로는 이들이 각국에서 친한(親韓) 엘리트 네트워크를 형성해 한국의 연성권력을 강화한다고 주장했다. 이어서 한류는 기본적으로 시장과 민간 엔터테인먼트 산업이 만들어낸 현상이므로, 정부는 이를 과도하게 통제하기보다 규제 완화, 인프라·번역·해외 유통 지원 등 간접적 지원자 역할을 해야 한다고 강조했다.

또한, 지역별 차별화 전략으로 동아시아, 동남아, 유럽, 중동 등 지역별 역사·문화·정치적 맥락에 따라 홍보 메시지, 콘텐츠 전략, 외교 의제를 달리 설계할 것도 제안했다.

이러한 논의를 발전시켜 이근은 「A Soft Power Approach to the 'Korean Wave'」[14]에서 소프트 파워의 5가지 유형을 제시했다.

첫째, 외부 안보환경 개선형으로 평화 및 매력적인 국가 이미지를 만들어 주변의 경계·위협 인식을 낮추는 것이다.

둘째, 정책·연합 지지 동원형으로 제재나 전쟁 등 집단행동을 정당화해 다른 나라들의 지지를 모으는 힘으로 작용하는 것이다.

셋째, 사고방식·선호 조작형으로 이데올로기나 담론을 퍼뜨려 다른 나라의 생각과 행동 양식을 바꾸는 힘으로 작용하는 것이다.

넷째, 공동체 유지형으로 국가공동체를 강압 없이 유지하게 만드는 상징이나 의식, 전통을 유지하게 하는 것이다.

다섯째, 지도자·정부 지지율 제고형으로 국제 스포츠, 영웅 만들기, 정상회의 성과 등을 통해 국내 지지율을 끌어올리는 힘이다.

특히, 한류는 한국의 중요한 소프트 파워 '자원'이지만, 자동으로 소프트 파워로 전환되는 것이 아니라 명확한 목표와 정교한 전략이 있을 때만 소프트 파워로 효과를 발휘한다고 강조했다. 게다가 너무 노골적으로 한류를 정치·경제 목적에 동원하면 반한류를 촉발할 수 있으므로 자유롭고 다원적인 세련된 접근이 필요하다고도 주장했다.

이근이 처음으로 한류 현상을 소프트 파워의 개념에서 학술적인 개념으로 제시했는데, 이어서 소프트 파워 개념의 창시자인 조셉 나이(Nye)도 직접 한류(Korean Wave)를 소프트 파워의 맥락에서 해석한 연구를 내놨다.

조셉 나이와 김유나는 〈Soft power and the Korean Wave〉[15]에서 한류(Hallyu)는 한국 대중문화가 호감과 관심을 통해 한국에 다른 국가 국민들의 인식과 태도를 재구성할 수 있는 대표적 소프트 파워 자원이라고 지적하면서 한류가 '문화 자원'에 머무르지 않고 국가 이미지 및 대외관계 전반과 연결될 수 있는 이론적 근거를 마련했다.

또한, 장군주 등도 한류를 "새로운 문화외교 도구"로 보고, 한류 확산이 한국의 외교적 레버리지에 의미 있는 영향을 주고 있는지에 대한 연구를 이어갔다. 한국 정부가 국익과 국가브랜드 제고를 위해 한류를 정책적으로 활용하는 흐름을 정리했다.[16]

같은 맥락에서 김택영과 진달영도 대통령 연설 분석을 통해, 한류와 결합된 문화정책이 문화외교(cultural diplomacy)에 "내장(embedded)"되는 방식에 대한 분석을 했다.[17] 김훈식 역시 한류를 소프트 파워의 개념에서 한국 정부가 한류를 어떻게 공공외교 자산으로 이해하고 활용하는지에 대해 분석했다.[18]

물론, 한류와 소프트 파워를 연계한 연구들의 흐름은 크게 다르지 않다. 특히, 한류의 영향을 강하게 받았던 남미 지역에서도 João Barros II(2023)[19]는 「Hallyu como instrumento de soft power sul-coreano(한국 한류: 한국 소프트 파워의 도구)」에서 한류가 한국의 전략적 소프트 파워 도구로 활용되는 방식을 분석하며, 한류가 한국의 국가 브랜드 강화와 외교적 레버리지 확대에 기여했다고 평가했는데 기존의 연구 흐름과 동일한 논리를 갖고 있었다. 즉, 한류란 한국이 전후 위기에서 벗어나고 국제사회에서 자기 이미지를 새로 만든 정치·경제 전략의 축이라고 정의했다.

물론 이 연구는 조셉 나이(J. Nye)와 이근(Geun Lee) 등 기존 한류·소프트 파워 연구에서 제시한 개념들을 그대로 수용하면서 한류가 갖고 있는 소프트 파워적 측면을 분석했다.

또한, 지역별 차별화 전략으로 동아시아, 동남아, 유럽, 중동 등 지역별 역사·문화·정치적 맥락에 따라 홍보 메시지, 콘텐츠 전략, 외교 의제를 달리 설계할 것도 제안했다.

북한 한류와 외부 정보 유입에 관한 연구

한류와 소프트 파워 개념의 결합 내지는 연계성에 관한 연구들이 2007년을 기점으로 시작됐다면, 상대적으로 북한으로 한류 유입에 관한 연구는 보다 일찍 시작됐다.

특히, 그것은 아직 '한류'라는 용어가 정식적으로 도입되기 전부터 "북한으로의 남한 문화 유입"이라는 이름으로 일찍이 연구가 진행되고 있었다. 즉, 정식적인 용어가 정립되기 전부터 그러한 '한류의 유입'은 진행되고 있었던 것이다.

사실, 북한으로 한류를 비롯한 외부 정보가 본격적으로 유입되기 시작한 것은 1990년대 말경이었다. 이 당시만 해도 이러한 현상이 의미하는 바에 대한 연구가 바로 나오지는 않았지만, 2003년부터 이와 관련된 북한 주민들의 인식조사가 이루어지기 시작했다. 그리고 이에 대한 연구는 주로 탈북민 대상 심층 면접과 설문조사를 통해 이루어져 왔으며 이후 전개된 관련 연구들은 〈표 1〉과 같다.

〈표 1〉 북한 한류 및 외부 정보 유입 연구

연도	저자	제목	학술지·출판사	연구 주제
2003	이주철	북한주민의 남한 방송 수용 실태와 의식 변화	『통일문제연구』 통권 40호	남한 방송 시청 경험이 북한 주민의 남한 인식·체제 인식에 미치는 영향 분석
2004	이민규·우형진	탈북자들의 텔레비전 드라마 시청에 따른 남한사회 현실 인식에 관한 연구	한국언론학회 학술대회 논문집	탈북자의 남한 드라마 시청을 '문화계발·문화동화' 이론으로 분석

연도	저자	제목	학술지·출판사	연구 주제
2005	성숙희	북한이탈주민의 한국방송 수용	한국방송 영상산업진흥원 보고서	초기 탈북민의 방송 수용 양식·선호 장르·시청 동기 조사
2008	이주철	북한주민의 외부정보 수용 태도 변화	『한국동북아논총』 13권 1호(제46호)	외부정보(라디오·TV 등)에 대한 태도 변화와 사회 이완·통제 구조 연결
2010	강동완·박정란	남한 영상매체의 북한 유통경로와 영향: 지역간·대인간 연결 구조 분석을 중심으로	『통일정책연구』 19(2)	남한 영상매체의 유통 경로(브로커·장마당·친지 네트워크)와 지역·계층별 확산 구조 분석
2011	박정란	북한 주민의 남한 영상물 시청: '하위문화'의 형성과 함의	『북한학보』 36(1)	남한 영상물 시청을 북한 내부 청년층의 새로운 '하위문화' 형성으로 해석
2011	박영정	북한에 부는 '한류 열풍'의 진단과 전망	JPI 정책포럼 2011-30	북한 내 한류 실태를 개관하고, 체제·남북관계·통일 담론에 미칠 함의 전망
2011	강동완·박정란	한류, 북한을 흔들다 : 남한 영상매체의 북한 유통경로와 주민 의식 변화	늘품플러스(단행본)	33인 심층면접을 바탕으로 한류 유입 경로·시청 실태·남한 인식 변화를 종합 정리
2012	박정란	북한주민의 남한 미디어 수용과 '왜곡된 남한상(像)'	『통일정책연구』 21(1)	남한 미디어가 긍정적 이미지뿐 아니라 폭력성·물질주의 등 왜곡된 인식도 강화할 수 있음을 지적
2013	이미나·오원환	북한 및 제3세계에서의 한류 수용 경험과 한국문화 적응: 탈북청년을 중심으로	『방송통신연구』 82	북한·제3국·한국에서의 한류 수용 경험이 탈북청년의 한국문화 적응과 인식에 미친 영향 분석
2014	임석준·강동완·김현정	북한의 한류 연구: 동향과 과제	『북한학연구』 10(2)	북한 한류 연구를 실태·영향·비평 세 유형으로 분류, 연구 동향·한계·과제 메타 분석
2014	강동완	북한으로의 외래문화 유입 현황과 실태: 제3국에서의 북한주민 면접조사를 중심으로	『통일인문학』 및 연구보고서	제3국 체류 북한 주민 인터뷰로 외래문화·한류·정보유입이 북한 사회 변화에 미치는 영향 검토
2014	전희락	문화확산 이론으로 분석한 북한에서의 한류 확산 연구	한국방송학회 학술대회 논문집	문화·혁신 확산 이론으로 북한 내 한류 확산 단계를 이론적으로 모형화

연도	저자	제목	학술지·출판사	연구 주제
2015	강동완·김현정	북한 군대 내 남한 영상물 시청 실태 및 북한 정권의 대응	『통일과 평화』 7(1)	군대라는 특수 공간에서의 남한 영상물 시청 실태와 김정은 정권의 단속·처벌 구조 분석
2015	강동완·박정란	북한주민들의 중국에서 '남한 미디어' 이용 실태 연구	통일연구원 연구보고서	중국 체류 북한 주민의 남한 미디어 이용과 그 콘텐츠의 북한 역유입 양상을 실증 분석
2020	김수암 외	북한 주민의 정보접근에 관한 연구	통일연구원 연구총서 20-03	외부 정보·한류·디지털 기기 이용 실태를 종합 정리, 정보 접근 구조·격차·정책 과제 제시
2024	피터 워드	북한 주민의 정보 접근권: 실태와 확대 방향	『세종정책 브리프』 2024-20	인권·정보권 관점에서 라디오·USB·휴대폰 등 외부 콘텐츠 유입과 제약 요인을 분석, 정책 제언

2003년부터 진행된 연구에서 주요 논문들의 내용을 정리하면 다음과 같다.

이주철(2003)은 북한의 경제적 위기 국면 속에서 주민들의 사고가 변화했고, 그 변화 요인 중 하나로 남한 라디오 청취의 영향이 있다고 지적했다. 즉, 1990년대 고난의 행군을 거치면서 주민들의 사고가 변했는데 남한 라디오 청취의 영향이 있었다는 주장이었다. 북한 체제의 내부적 위기와 남북접촉의 증가가 상대적으로 북한 주민들이 남한 문화를 수용하는데 유리한 환경으로 작용되었기 때문이었다.

이미나·오원환(2013)은 「북한 및 제3세계에서의 한류 수용 경험과 한국 문화 적응」에서 탈북청년을 대상으로 설문조사를 실시해, 북한, 제3국(중국 등), 남한에 이르기까지 시기별 한류 수용 경험과 한국문화 적응 양상을 분석하였다. 연구는 북한과 제3국에서의 남한 미디어 경험이 이후 한국사회 적응 과정에서 기대와 갈등, 정체성 형성 등에 복합적인 영향을 미친다는 점을 보여줬다.

이어서 강동완·김현정(2015)은 「북한 군대 내 남한 영상물 시청 실태 및 북한 정권의 대응」에서 북한 군 내부 문건과 탈북자 증언을 토대로 남한의 문화 컨텐츠들이 어떤 경로로 군대로 들어가는지와 이에 대한 북한 당국의 단속 방식과 처벌 등을 드러냈다. 이 연구는 한류가 북한 주민들에게 미치는 영향에서 한발 더 나아가 더욱 보안이 철저한 군대 내에도 한류의 영향이 미치고 있다는 사실을 밝혔다는 점에서 의미가 있었다.

북한 군내에서의 남한 영상물 시청의 증가는 북한 민간에서 더 많은 남한 영상물 시청이 이루어졌을 것이라는 추측을 가능하게 해주는 연구였다. 즉, 실질적으로 이 연구에서 다루어진 기간이 한류가 북한에서 급속하게 확산된 시점이기도 했다.

이외 연구들도 주로 탈북자 인터뷰와 내부 소식통을 인용하여 한류가 북한 주민들에게 미치는 영향 내지는 선호도 인식의 변화 등을 밝히는 연구가 주류를 이룬다.

그리고 가장 최근에 김택빈(2025)은 「Hallyu (Korean Wave) in North Korea: The Effect of South Korean Media Exposure on the Perceptions of North Koreans」를 통해 북한 주민들이 남한 미디어에 어느 정도 노출됐으며 그동안 정보 통제 상황에서의 태도나

가치가 어떻게 변화했는지를 추적했다. 이 연구는 2011~2020년 사이 탈북한 1,241명의 설문자료를 분석했다. 연구 결과는 한류에 많이 노출된 주민들일수록 한국에 대해 긍정적 태도를 보였고, 반대로 북한 당국에 대한 신뢰도는 낮게 나타났다는 점을 지적했다.

앞서 정리한 선행 연구들은, 한류가 북한을 포함한 전 세계에서 강력한 문화적 자원으로 작동했다는 점, 북한 내부에 한류가 들어감으로써 주민들의 인식·태도 변화가 일어났다는 점 등을 주장했다. 그러나 소프트 파워 이론—한류—북한 사례를 하나의 분석 틀 안에서 통합적으로 고찰하는 연구는 상대적으로 부족했다는 점을 지적할 수 있겠다.

5. 조셉 나이 소프트 파워 주요 개념

권력 개념과 하드 파워·소프트 파워

조셉 나이(Joseph S. Nye)는 국제정치에서 권력(power)의 개념을 보다 세분화했으며 그 핵심 개념으로 제시한 것이 '소프트 파워'다. 나이(Nye)는 권력에 대해 "원하는 결과를 얻기 위해 타자의 행동을 변화시키는 능력"으로 봤다. 하지만, 권력을 단순히 군사력·경제력 같은 기존의 개념과 다르다는 의미를 부각했다. 즉 권력의 핵심은 자원의 크기 그 자체가 아니라, 실제로 타자의

행동 변화를 얼마나 이끌어내는가에 있다고 봤다.[20]

그리고 나아가 권력 행사의 형태를 세 가지 방식으로 제시했다. 첫째, 강압·위협(coercion), 둘째, 보상·유인(payments), 셋째, 매력·동의의 유도(attraction)다. 이 가운데 첫째와 둘째는 전통적인 개념에서의 권력인 하드 파워, 즉 군사·경제 수단을 통한 강제/보상을 의미한다. 하지만 세 번째는 상대방이 내가 원하는 것을 스스로 하게 만든다는 점에서 '소프트 파워'의 작동 논리로 제시됐다.

여기서 특히 강조하는 지점은, 소프트 파워가 단지 상대방에 대한 "호감"을 얻는 것뿐 아니라 환경 조성을 통해 상대방의 선호를 구조화하는 "공동화(co-optive)"의 권력이라는 점이 특징이었다. 즉, 상대방으로 하여금 자신이 원하는 것을 하도록 만들 때, 강압적(command) 권력과 구별되는 진정한 '소프트 파워'로 부를 수 있는 것이라고 설명한다.[21]

'권력'은 원하는 결과를 얻기 위해 타자의 행동을 변화시키는

〈표 2〉 하드 파워와 소프트 파워

구분	하드 파워(Hard Power)	소프트 파워(Soft Power)
핵심 기제	강압·유인 (비용 부과/보상 제공을 통해 행동 변화 유도)	매력·정당성 (자발적 동의·모방을 통해 선호/인식 변화 유도)
대표 수단	군사·제재·원조·거래 (조건·대가를 수반하는 수단 중심)	문화·가치·정책의 정당성·의제 설정 (담론·규범·이미지 형성 중심)
성과 시간	단기, 상대적으로 가시성↑	간접·장기, 누적 효과
통제 가능성	정부 통제 상대적으로 용이 (자원·도구 직접 보유)	통제 난이도 높음 (비정부 행위자·수용자 해석에 의존)

능력이라고 정의되기 때문에 그 변화 방식 역시 단선으로 진행되지 않는다는 점이 전제되어야 한다. 구체적으로 상대방의 행동을 바꾸는 대표적 요인 또는 방법은 먼저, 강압이 있을 수 있다. 이는 상대방에 대한 위협이나 제재를 말하며 보통 당근과 채찍에 비유할 때 '채찍'에 해당하는 방법이다.

다음으로 유인책이 있을 것이다. 보상이나 지불을 의미하며 '당근' 책에 해당한다. 이 두 가지는 큰 틀에서 기존의 강압적 방식과 연관된는 요인이라 할 수 있다. 그리고 마지막으로 '매력'이라는 요인이 있다. 매력은 상대가 스스로 나의 방식에 끌리는 것을 말한다. 여기서 첫 번째와 두 번째는 바로 기존의 하드 파워

영향력이 커지고 있는 소프트 파워

인 군사·경제 수단이라 할 수 있고 마지막의 '매력'이 바로 소프트 파워의 가장 중요한 특성이라는 지적이다.

정리하자면, 하드 파워는 강압과 유인이라는 두 가지 방식을 토대로 한 권력의 양식이라 할 수 있고 소프트 파워는 상대방의 자발적 동조나 모방, 또는 추종을 이끌어내는 '매력'을 핵심적 자원으로 하고 있다.

그렇기에 나이(Nye)는 소프트 파워를 정의할 때는 행태로서의 소프트 파워와 자원으로서의 소프트 파워를 구별해야 한다고 지적한다. 즉, 문화나 가치 등은 그 자체로 소프트 파워가 되는 것이 아니라 매력을 발산하고 수용자들이 그것을 느낄 때 소프트 파워가 된다는 것이다. 때문에 '매력'에 대한 검증 절차가 필요하며 이것이 그 자체로 정책 결과를 낳는다고 할 수도 없다.

여기서 통상적으로 "군사력이 아닌 모든 것"을 소프트 파워와 같은 개념으로 받아들이는 것은 경계해야 한다고 강조한다. 또한, 소프트 파워는 장기적으로 정책환경을 바꾸는 힘은 강하지만 단기적인 목적을 달성하기 위한 전술로 활용되는 것은 어렵다는 것 역시 기존의 '하드 파워'와 구분되어야 한다는 지적이다.

소프트 파워와 스마트 파워

소프트 파워가 하드 파워를 제외한 '모든 것'이 아니기 때문에 소프트 파워를 이해하고 이를 현실에 대입하기 위해서는 더욱 세밀한 전략이 필요하다. 그래서 소프트 파워를 더욱 효과적인 전략으로 활용하기 위해서는 하드 파워와 소프트 파워가 상황에 따라 적절하게 구사될 수 있는 전략이 필요한데 조셉 나이는 이를 '스마트 파워(smart power)'로 개념화했다. 이는 단순히 "하드+소프트의 합"이 아니라 통합된 전략과 자원 기반을 구축해서 목표 달성에 활용하는 능력이라 할 수 있다.

즉, 권력의 본질을 상대방의 행동을 변화시킬 수 있는 능력이라고 했을 때 '소프트 파워'가 매력과 정당성을 중요한 자원으로 본다면, '스마트 파워'는 단순히 하드 파워의 대체제가 아니라 현실의 정치경제 환경에서 정책 목표를 달성하려면 두 자원을 상황에 맞게 배합하는 전략적 능력이라 할 수 있다. 말 그대로 '스마트'하게 하드 파워와 소프트 파워를 적절히 결합해야 원하는 성과를 낼 수 있다는 말이다.

그래서 CSIS '스마트 파워 위원회' 보고서는 스마트 파워를 "하드와 소프트 파워를 모두 활용하여 목표를 달성하기 위한 통합된 전략(integrated strategy), 자원 기반(resource base), 도구 상자(tool kit)를 통칭하는 것"이라고 정의했다.

또한 강한 군사력의 필요성을 인정하면서도, 동맹과 파트너십 등 정당성의 구축을 통해 영향력을 확장해야 한다고 강조한다. 이는 스마트 파워를 단순한 하드 파워의 상대개념이나 보완개념으로서가 아니라, 정책 패키지의 확장된 개념으로 사용하고 있다는 것에 방점이 찍혀 있다는 점에 유의해야 한다.[22]

이 '스마트 파워' 개념은 나이(Nye)가 제안하면서 유명해졌지만,

이 용어 자체는 2004년 수전 노셀(Suzanne Nossel)의 「Smart Power」(Foreign Affairs)[23]에서 최초로 제시됐다. 당시 노셀은 9.11이후 미국 외교 방향을 비판하면서 군사력 일변도의 정책의 한계를 지적하면서 자유주의적 도구들을 결합해서 힘의 영리한 사용을 촉구했었다.

2004년 수전 노셀이 '스마트 파워'라는 용어를 사용한 것은 나이(Nye)가 제시한 것과 같은 개념의 세분화가 이루어지지 않은 상태의 그야말로 '날 것'이었다. 일종의 '정책 슬로건'이었다고 할 수 있었다. 다만, 기존의 미국 외교정책을 비판하면서 그에 대한 보완책으로 대안을 제시했다는 점에서 '스마트 파워'의 등장 이유와 유사성을 갖고 있었다.

소프트 파워의 자원: 문화·정치적 가치·외교정책

소프트 파워가 작동되기 위해서는 먼저 수용자에게 매력적으로 인식되는 것이 선행되어야 한다. 조셉 나이가 소프트 파워의 대표적인 예로 제시한 것이 문화, 정치적 가치, 외교정책이다. 다만, 여기서 중요한 것은 소프트 파워가 하드 파워보다 다루기 어려운 영역에 있다는 것이다.

즉, 소프트 파워의 중요한 자원들은 대부분이 정부가 직접 통제하지 못하는 영역에 광범위하게 분포하며, 수용자의 해석과 수용 여부에 따라 효과가 좌우된다. 즉, 예측이 어렵고 즉각적 성과를 담보할 수 없으며 그 힘이 작동하고 결과가 나오기까지 상당히 오랜 시간이 소요된다.

특히 문화(culture)가 소프트 파워의 핵심 자원이기는 하지만, 문화가 언제나 저절로 매력을 만들어내지는 않는다. 즉, 문화란 수용자의 가치, 정체성, 정치적 맥락과 결합하면서 매력적 자원이 되기도 하지만 반면, 오히려 수용자의 반발과 거부감을 불러일으키기도 한다. 따라서 문화는 일방향적 전파가 아니라, 수용자에게 수용되는 과정에 속에서 매력이나 거부감의 차이를 가져온다고 할 수 있다.

마찬가지로 외교 정책에 있어서도 소프트 파워가 선순환 구조 속에서 매력적 자원으로 활용되기 위해서는 수용자의 눈에 정당하고(legitimate), 도덕적 권위를 지닌다고 인식되는가의 문제도 남아있다. 전달되는 소프트 파워가 수용자를 둘러싸고 있는 환경적 요인과 어우러지면서 설득력을 가질 때 비로소 힘을 갖게 되기 때문이다.

또한, 소프트 파워는 자연스러움 속에 힘을 갖게 된다는 점도 중요하다. 때문에 만약 일방의 문화가 의도성을 갖고 있는 '선전(propaganda)'이 될 때는 오히려 역효과를 낳는다고 경고했다. 즉, 문화의 소통 환경에서 메시지의 양이 중요한 것이 아니라 신뢰성(credibility)이 중요하며, 이를 위해서는 자기비판과 개방성, 시민사회의 자율성, 사람-대-사람 접촉이 중요하다는 것이다.

정부의 의도에 따른 중앙 통제적 메시지는 수용자에게 '선전'으로 비추어지기 때문에 신뢰를 훼손할 수 있다는 지적은, 소프트 파워가 본질적으로 수용자의 판단에 의존한다는 점을 말해준다. 즉, 현재 동아시아 국가 가운데 가장 민간 영역의 자율성이 높은 국가를 중심으로 문화의 전파가 이루어지고 있다. 이것이 지난 1980~90년대 아시아의 대중문화를 이끌었던 '홍콩 느와르'가 중국으로의 홍콩 반환 이후 국가영역의 힘이 강해지면서 아시아 문화의 중심지로서의 지위가 약화된 것도 이와 연관이 있다 할 것이다.

이러한 점들을 살펴봤을 때 '소프트 파워'의 한계 역시 분명하다 할 수 있다. 즉, 정부가 직접 통제하기 어렵고, 그 효과는 수용자에게 '수용'되어야 한다는 전제를 기반으로 한다. 정부가 앞에 나설수록 '소프트 파워'의 작동은 지연되거나 역효과를 낳게 된다고 할 수 있을 것이다.

6. 북한으로의 한류 유입이 갖는 의미

북한으로의 한류 유입은 조셉 나이가 말한 소프트 파워의 작동이 외부에서 폐쇄 체제 내부로 전달되는 과정과 수용자들의 태도 변화 등을 관찰할 수 있는 중요한 사례가 될 수 있다.

특히 한류는 하드 파워인 군사와 경제적 요인의 강제적 행사가 아니라, 수용자인 북한 주민들이 스스로 받아들이고 확산시킨 하나의 문화 확산 현상이었다. 그 과정에는 소프트 파워의 가장 중요한 특징 가운데 하나인 문화적 '매혹'이 북한 주민들에게 받아들여지면서 스스로 한국 문화에 동화되는 현상까지 발전됐던 것으로 전해진다.

물론, 북한 당국은 이러한 결과를 체제 위협으로 간주하면서 3대 악법이라 불리는 제도적 방어책을 마련하기 시작했으며 급기야 남북 관계를 '적대적 2국가'로 규정하기에 이르렀다.

한류가 북한 주민들에게 미치는 영향을 파악하는 데는 서울대 IPUS의 실증 연구가 큰 역할을 했다. 이 연구는 탈북민 1,241명을 대상으로 조사한 것이다. 이 연구는 남한 미디어 노출이 주민들의 사고방식이나 생활양식의 변화를 이끌어냈다는 기초적 실증 자료가 됐다.

물론 이러한 형태의 연구에는 탈북민 표본의 선택 편향이나 대상의 한계가 명확히 존재한다. 그럼에도 불구하고 한류가 북한 주민들에게 '시간 때우기용 오락거리'에 머물지 않고 정치사회적 인식변화까지 이끌어 내는 역할을 했다는 것을 간접적으로 보여줬다.

북한에서 한류 유입의 파급력이 컸던 현상을 말할 때 빼놓을 수 없는 것이 바로 북한 내부의 환경 변화다. 1990년대 고난의 행군 이후 형성된 장마당 경제는 한류가 전파되고 뿌리내릴 수 있는 좋은 자양분으로 작용했다.

한류 문화에서 나타나고 있는 새로운 남녀관이나 가족문화와 사회생활 등은 북한 주민들에게 단순한 모방을 넘어, '비교 의식'

을 만들었다고 볼 수 있다. 즉, 한류에서 그려지는 세계와 자신들이 발을 디디고 있는 현실간의 괴리를 느끼면서 사회정치적으로 봉인되어 있던 '결핍'의 문제를 심각하게 생각하게 만들었다.

또한, 그동안 북한 당국이 지속적으로 선전해 오던 남한 사회에 대한 부정적 인식이 탈각되면서 더 이상 북한 당국이 기존의 선전방식이 주민들에게 먹히지 않는다는 점을 인식시켰다고 볼 수 있다. 이러한 인식 때문인지는 몰라도 김정은체제가 들어서면서, 과거 김정일이 영화를 중요한 선전수단으로 간주하고 다양한 선전영화들을 만들었던 것에 비해, 거의 영화를 만들지 않았다는 점도 주목된다. 즉, 김정은의 판단에서 과거와 같은 방식의 북한식 연출과 코드로 무장한 영화가 더 이상 주민들에게 먹혀들지 않는다는 사실을 알았던 것이다.

그래서 김정은 시대의 대표적인 영화는 2024년 2월에 개봉한 6.25 전쟁을 다룬 전쟁영화인 〈72시간〉, 김일성과 김정일 암살 사건을 다룬 〈하루 낮 하루 밤〉(2022)과 후속편으로 나온 김정일 암살 사건을 다룬 〈대결의 낮과 밤〉(2025) 정도로 손에 꼽을 정도다.

이 영화들은 모두 김정은이 남북한 '적대적 2국가론'을 제시하고 나서 등장한 영화들이다. 즉, 북한 당국이 한류를 차단하면서 한류의 대체제, 내지는 새로운 남북관계를 주민들에게 각인시켜 주기 위해 할리우드나 한국 영화 방식을 차용해서 만들었다. 물론 이러한 영화들이 주민들에게 한류의 대체재로 수용될 수 있을지는 미지수다.

문화에는 단순한 유행이나 취향이 아니라 정치적 성격이 내재되어 있다. 이 점은 북한 당국이 민감하게 인식하고 있는 것이 분명하다. 현재까지 북한 당국이 진행해 온 다양한 통제 정책을 보면 그렇다.

그렇다면 한류의 유입과 확산이 바로 북한 체제의 위기로 작용할 것인가? 그렇게 단정하는 것은 아직 섣부르다. 북한의 내부환경은 다양한 감시체계와 연좌제로 엮여 있기 때문에 한류 확산으로 인한 체제 불만의 속삭임은 나올 수 있으나 이것이 조직적 영향력을 갖는다는 것은 또 다른 문제다.

다만, 북한 당국의 입장에서 한류의 효과는 체제의 '조직적 균열'이 아니라, 장기지속적 관점에서 주민들의 의식 변화와 주민 불만의 누적이라는 현실에 마주치게 될 것이란 점에서 유쾌하지 않은 내부 문제가 될 수 있다.

그러한 점에서 나이(Nye)가 제시한 '소프트 파워'의 개념은 보다 분명해지는 것 같다. 즉, '소프트 파워'가 갖고 있는 강점과 한계가 남북관계에서 한류의 북한사회 전파의 의미와 한계점과 거의 일치하기 때문이다.

북한으로의 한류 유입은 소프트 파워의 중요한 요소중 하나인 '매혹'이 북한 주민들의 선호 체계에 영향을 미쳐서 사회전반에 확산될 수 있다는 점을 보여준다. 반면, 그 작동이 정상적인 루트를 통한 유입이 아니라 '비공식' '불법'적 경로를 통해 유입되고 확산된다는 점에서 언제나 북한 당국에 의한 통제에 의해 약화될 수 있다는 점도 보여준다.

결국 한류의 북한내 확산은 북한 사회가 갖고 있는 다양한 부분에서의 '결핍'된 부분을 비추어주는 거울로 작용했다. 반면, 북한 당국자에게는 자신들의 '통제' 역량의 정도를 확인할 수 있는 가늠자 역할을 하는 것으로 볼 수 있다. 체제 방어의 '하드 파워'가 외부로부터 들어오는 '소프트 파워'를 어느 정도 막아낼 수 있을 것인가의 시험대에 오른 셈이다.

참고문헌

논문

이근, 「한류와 한국의 연성권력(soft power), 대민외교(Public Diplomacy)」, 九州大学韓国研究センター, 『한국연구센터연보(韓国研究センター年報)』 7권, 2007.

홍유선·임대근, 「용어 한류(韓流)의 기원」, 『인문사회21』 9(5), 2018, 559~575쪽.

언론

경향신문, 「(창간기획: 한류 20년의 발자취) 편견과 혐한 뚫은 창의」, 2018.10.04.

경향신문, 「봉준호 〈기생충〉, '아카데미 4관왕' 세계 영화사 다시 썼다」, 2020.02.10.

동아일보, 「오징어게임 1억1100만가구 시청 신기록…」, 2021.10.13.

미디어오늘, 「넷플릭스 "오징어게임 역대 시청시간 1위, 9주 연속 글로벌 1위"」, 2026.1.10.

씨네21, 「아시아 관광객 끌어오는 한류열풍」, 2004.08.05.

연합뉴스TV, 「싸이 '강남스타일' 유튜브 조회수 20억 건 돌파」, 2014.05.31.

조선일보, 「[방송단신] '대장금' 일본 전역에 방송 外」, 2005.09.13.

조선일보, 「싸이 '강남스타일' 유튜브 10억뷰 돌파…」, 2012.12.22.
한겨레, 「한류 드라마에 중독된 중동」, 2008.11.25.
Daily NK.
MBC 뉴스, 「원더걸스, 한국 최초 빌보드 싱글 차트 진입」, 2009.10.22.
KBS World, 「'SM타운 라이브' 유럽 진출…6월 파리 공연」, 2011.4.20.
KBS World, 「'BTS 성공은 패러다임의 전환·이정표'…외신·스타들 찬사」, 2020.9.1.
KBS World, 「방탄소년단 '빌보드 핫 100' 다시 정상 탈환」, 2020.9.29.
SBS 뉴스, 「[U포터] '겨울연가'로 본 한류 그리고 '아이리스'」, 2010.4.28.

영문 저널

Center for Strategic and International Studies (CSIS), A Smarter, More Secure America: A Report of the CSIS Commission on Smart Power (Washington, DC: CSIS, 2007).
Dal Yong Jin, "Hallyu 2.0: The New Korean Wave in the Creative Industry", *International Institute Journal*, Vol. 2, No. 1 (Fall 2012).
Gunjoo Jang and Won K. Paik, "Korean Wave as Tool for Korea's New Cultural Diplomacy", *Advances in Applied Sociology*, 2(3), 2012, pp. 196~202.
Hun Shik Kim, "The Korean Wave as Soft Power Public Diplomacy", Naren Chitty, Lilian Ji, Gary D. Rawnsley, and Craig Hayden(ed.), *The Routledge Handbook of Soft Power*, New York: Routledge, 2016,

pp. 414~424.

João Barros II, Alissa Yuri Sasaki, Ana Letícia Vieira, Beatriz A. de Oliveira, Milena A. Quadros, Viviane da S. Xavier, *Campos Neutrais: Revista Latino-Americana de Relações Internacionais*, 5(2), 2023.

Lee, Geun, "A Soft Power Approach to the 'Korean Wave'", *The Review of Korean Studies*, 12(2), 2009.

Joseph S. Nye and Youna Kim, "Soft Power and the Korean Wave", Youna Kim (ed.), *The Korean Wave: Korean Media Go Global*, London and New York: Routledge, 2013.

Joseph S. Nye, Jr, *Foreign Policy*, No. 80, Twentieth Anniversary(Autumn, 1990).

Joseph S. Nye Jr, *Soft Power: The Means to Success in World Politics* (New York: Public Affairs, 2004).

Suzanne Nossel, "Smart Power", *Foreign Affairs*, 83(2), March/April 2004.

Tae Young Kim and Dal Yong Jin, "Cultural Policy in the Korean Wave: An Analysis of Cultural Diplomacy Embedded in Presidential Speeches", *International Journal of Communication*, 10, 2016.

미주

1) 홍유선·임대근, 「용어 한류(韓流)의 기원」, 『인문사회 21』 제9권 5호, 2018, 559~574쪽.
2) "Does South Korea's cultural clout make the country more powerful?", 『*The Economist*』, 2021.10.22; "Korean pop culture is everywhere. And it's taken on a life of its own", 『*The Washington Post*』, 2020.02.22; "South Korea turns to culture in search of next fillip for growth", 『*Reuters*』, 2025.08.21.
3) 『경향신문』, "(창간기획: 한류 20년의 발자취) 편견과 혐한 뚫은 창의·열정…대중문화 전방위로 영역 확대", 2018.10.04.
4) 『SBS 뉴스』, 2010.04.28. https://news.sbs.co.kr/news/endPage.do?news_id=N1000740052&utm_source=chatgpt.com&plink=COPYPASTE&cooper=SBSNEWSEND (검색일: 2025.12.15).
5) 『조선일보』 2005.09.13. https://www.chosun.com/site/data/html_dir/2005/09/13/2005091370369.html?utm_source=chatgpt.com (검색일: 2025.12.12).
6) 『조선일보』, 2012.12.22.
7) 『동아일보』, 2021.10.13.
8) Dal Yong Jin, "Hallyu 2.0: The New Korean Wave in the Creative Industry", *International Institute Journal*, Vol. 2, No. 1 (Fall 2012).
9) 『동아일보』, 2015.01.06.
10) 『Daily NK』, 2006.08.13.
11) 『VOA』, 2012.06.05. 탈북인사 증언.
12) 『동아일보』, 2012.06.05. 주성하 칼럼.
13) 이근, 「한류와 한국의 연성권력(soft power), 대민외교(Public Diplomacy)」, 九州大学韓国研究センター, 『한국연구센터연보(韓国研究センター年報)』 7권, 2007, 57~68쪽.
14) Lee, Geun, "A Soft Power Approach to the 'Korean Wave'", *The Review of Korean Studies*, 12(2), 2009.
15) Joseph S. Nye and Youna Kim, "Soft Power and the Korean Wave", in Youna Kim (ed.), *The Korean Wave: Korean Media Go Global* (London and New York: Routledge, 2013), pp. 31~42.
16) Gunjoo Jang and Won K. Paik, "Korean Wave as Tool for Korea's New Cultural Diplomacy", *Advances in Applied Sociology*, 2(3), 2012, pp. 196~202.
17) Tae Young Kim and Dal Yong Jin, "Cultural Policy in the Korean Wave: An Analysis

of Cultural Diplomacy Embedded in Presidential Speeches", *International Journal of Communication*, 10, 2016.

18) Hun Shik Kim, "The Korean Wave as Soft Power Public Diplomacy", Naren Chitty, Lilian Ji, Gary D. Rawnsley, and Craig Hayden (ed.), *The Routledge Handbook of Soft Power*, New York: Routledge, 2016, pp. 414~424.

19) João Barros II, Alissa Yuri Sasaki, Ana Letícia Vieira, Beatriz A. de Oliveira, Milena A. Quadros, Viviane da S. Xavier, *Campos Neutrais: Revista Latino-Americana de Relações Internacionais*, 5(2), 2023, pp. 40~55. (https://www.academicpublishers.org/journals/index.php/ijai).

20) Joseph S. Nye, Jr, *Foreign Policy*, No. 80, Twentieth Anniversary(Autumn, 1990), pp. 153~171.

21) Joseph S. Nye Jr., *Soft Power: The Means to Success in World Politics* (New York: Public Affairs, 2004).

22) Center for Strategic and International Studies (CSIS), *A Smarter, More Secure America: A Report of the CSIS Commission on Smart Power* (Washington, DC: CSIS, 2007).

23) Suzanne Nossel, "Smart Power", *Foreign Affairs*, 83(2), March/April 2004, pp. 131~142.

한류의 시대, 다시 설계되는 북한의 공연 무대

하승희

1. 우리가 알고 있던 북한의 공연

대집단체조와 예술공연 『아리랑』은 2002년부터 본격적으로 공연을 시작하며, 대내외적 상황 속에서 '아리랑'이라는 이름을 통해 민족적 정체성을 대중적으로 확산하려는 시도를 이어왔다.[1)] 아리랑 공연은 5월 1일 경기장에서 진행되며, 체조대와 배경대로 구성된 무대 위에서 무용과 다양한 형식의 연출이 결합된 공연이다.

기본적으로는 매스게임의 형식을 따르지만, 이를 단순한 체조 공연과 차별화하기 위해 무용, 집단 퍼포먼스, 시각적 연출 등 여러 요소가 결합된 종합 공연의 형태를 띤다. 무엇보다 이 공연이 주는 강렬한 인상은 현란하고 빠르게 바뀌는 카드섹션 장면이다. 수만 장의 카드가 순식간에 다른 그림으로 전환되는 장면은 관객에게 압도적인 시각적 쾌감을 선사한다. 이 장면들이 사실상 약 10만 명에 달하는 인원이 참여해 한 치의 오차 없이 움직인 결과라는 점에서, 북한 공연 특유의 일사불란함과 조직력이 극대화된 사례로 자주 언급된다.

그러나 이러한 장관의 이면에는 오랫동안 비판의 대상이 되어 온 문제가 존재한다. 아리랑 공연은 장기간에 걸친 강도 높은 훈련을 전제로 하며, 그 과정에서 아동과 청소년들이 학교 수업을 받지 못하고 공연 훈련에 동원된다는 점이 지적되었다.

2014년 발간된 유엔 북한인권조사위원회(COI) 보고서는 북한이탈주민들의 증언을 토대로, 아리랑 공연이 아동 노동착취의 성격을 띠고 있으며 교육권 침해와 장시간 훈련 과정에서의 인권 유린 문제가 발생하고 있음을 지적했다. 아리랑 공연은 한때 외국인 관광객을 대상으로 한 대표적인 관광 상품으로 판매되며 국제적인 관심을 끌었지만, COI 보고서 이후 이러한 인권 문제가 부각되면서 비판의 목소리가 본격적으로 확산되었다.[2] 이러한 국제사회의 시선을 의식해서인지 북한 당국은 장기간 이어져 오던 아리랑 공연을 한동안 중단했다가 2018년 '빛나는 조국'이라는 이름으로 재개했다. 그러나 이후로는 과거와 같은 대규모 집단체조 형식의 아리랑 공연은 더 이상 진행되지 않고 있다.

아리랑 공연 외에도 북한 공연을 떠올릴 때 빠지지 않는 사례가 군대 합창단이다. 대표적인 예로 남성 중심의 군대 합창단인 공훈국가합창단을 들 수 있다. 공훈국가합창단은 1947년 2월 조

대집단체조와 예술공연 소재 달력(2019, 전영선 제공)

선인민군협주단의 하부 조직으로 창립된 이후, 1992년 공훈합창단이라는 칭호를 수여받고 1995년 독자적인 합창단으로 분리·독립했다. 이후 2004년에는 조선인민군공훈국가합창단으로 개칭되어 현재까지 유지되고 있다.

이 합창단의 독립과 강화는 1994년 김일성 사망 이후 자연재해와 경제 악화가 겹치며 '고난의 행군'으로 불린 위기 상황과 맞물려 해석할 수 있다. 체제 결속과 위기 극복을 위해 선군정치를 강조하던 시기에, 기존 조선인민군협주단 소속이었던 공훈국가합창단이 독립된 조직으로 재편된 것은 군의 상징성과 위압감을 공연을 통해 전면에 내세우기 위한 선택이었다고 볼 수 있다.

공훈국가합창단은 대규모 남성 합창이라는 형식을 통해 풍부한 성량과 엄숙하고 강고한 분위기를 강조했으며, 이를 통해 웅장함과 장엄함, 단결력과 집단 공동체성을 시각적으로 연출하고자 했다.[3)]

이처럼 고난의 행군 시기 공훈국가합창단은 북한의 주요 국가기념일과 정치적 행사에서 전면에 등장하며, 인민의 단결과 결집을 상징하였다. 악단과 공연이라는 문화적 형식을 활용해 국가위기 국면에서 정책 방향과 정치적 메시지를 이미지로 구현하려 한 것이다.

북한 공연의 또 다른 축으로는 서커스와 유사한 교예를 빼놓을 수 없다. 북한의 교예는 긴장을 풀 틈 없이 이어지는 화려하고 유연한 동작들로 구성되어 있으며, 아슬아슬한 순간의 연속이 관객의 시선을 사로잡는다. 링 위에 발끝으로만 의지한 채 공중에서 연속 동작을 수행하고, 흔들림 없이 착지하는 장면들은 북한 교예 가운데서도 체력교예에 해당한다. 체력교예는 1950년대부터 세계적으로 실력을 인정받아 왔으며, 국제 대회에서도 수상 경력을 쌓아온 분야로 평가된다. 이 밖에도 북한의 교예는 요술, 동물교예, 교예막간극 등 다양한 장르로 구성되어 있다.4)

이처럼 북한 공연에 대해 우리가 떠올리는 이미지는 한 치의 오차도 허용하지 않는 질서 정연한 무대이다. 이러한 고정관념은 북한 공연이 오랫동안 정치 선전의 일환으로 기능해 왔기 때문에

대집단체조와 예술공연 〈아리랑〉(2013)

형성된 측면이 크다. 지도자를 중심으로 한 서사, 반복되는 동작과 선율, 함께 외치고 함께 움직이는 방식은 북한 공연의 미학이자 규율이었다. 대규모 인원을 동원해 완벽한 장면을 재현하는 공연과, 화려하지만 위험해 보이는 교예 동작은 동시에 감탄과 비판의 대상이 되어 왔다. 뚜렷한 정치적 목적과 그 과정에서 발생하는 희생 때문에, 북한 공연은 순수한 예술로만 평가되기 어려웠다.

그러나 이러한 북한 공연의 전형은 북한 당국이 오랫동안 유지해온 감각의 질서였을 뿐이지, 변하지 않는 기준은 아니었다. 북한의 미적 감각은 고정된 채 영속되어 온 것이 아니라, 시대와 환경에 따라 끊임없이 조정되고 변화해 왔다.

이 글은 북한 공연의 미적 감각이 어떻게 변화해 왔는지를 살펴보고자 한다. 특히 이러한 변화가 외부 정보 유입과 세계적 문화 트렌드의 확산이라는 환경 속에서 이루어졌으며, 최근 그 변화의 추동 요인 가운데 하나로 '한류'를 주목할 필요가 있음을 제기한다. 한류가 북한 공연 문화를 직접적으로 바꾸었다고 단정할 수는 없지만, 북한 공연의 변화를 설명하는 데 있어 한류는 새로운 세대가 접하게 된 시각, 속도, 연출이라는 감각 기준을 대표하는 개념이라 할 수 있다.

북한 공연의 변화는 곧 공연을 받아들이는 감각의 변화에서 출발했다. 2000년대 이후 북한 사회로 유입된 외부 영상과 음악, 그중에는 오늘날 '한류'로 불리는 콘텐츠도 포함되어 있다. 이러한 콘텐츠는 북한에서 자유롭게 소비되지 못했지만, 무대의 전개 속도, 화면 전환 방식, 빛과 소리의 활용이라는 측면에서 새로운 기준을 형성해 왔다. 다음 장에서는 이러한 감각의 변화가 북한 공연의 형식과 무대에 어떤 방식으로 나타났는지를 살펴보고자 한다.

2. 달라진 북한 공연

1970년대 북한 공연에서 꽃을 피웠던 대표적인 장르는 '가극'이라 할 수 있다. 가극은 음악을 중심으로 이야기를 전개하고, 노래와 연기, 무대미술이 결합된 종합무대예술로, 형식상으로는 오페라와 유사한 장르로 볼 수 있다.

이 시기 북한에서는 이른바 '가극혁명'이라는 표현이 등장할 정도로, 문학과 음악, 무용과 무대미술을 포함한 예술 전반이 가극을 완성하기 위해 존재했다고 해도 과언이 아닐 만큼 가극이 공연예술의 중심에 놓여 있었다.

분단 이전 남북이 함께 사용하던 전통 악기들은 북한에서 일찍이 전통에 대한 독자적 해석과 이를 바탕으로 한 악기 개량 과정을 거치며 남북이 각기 다른 전통의 모습을 형성하게 되었다. 이러한 변화는 북한에서 가극이라는 장르가 체계적으로 발전하는 데 중요한 밑바탕이 되었다. 북한 가극의 출발점은 김일성의 지도 아래 1930년 오가자에서 처음 공연되었다고 전해지는 〈꽃파는 처녀〉로 거슬러 올라간다.

이후 김정일은 1970년대에 들어 인민대중의 지향을 구현했다고 평가되는 작품 〈피바다〉를 창작하게 된다. 이 작품은 북한에서 '가극예술 창조의 모범'으로 자리매김하며, 이후 북한은 〈피바다〉를 기점으로 이 시기를 '가극혁명'의 시작으로 규정하고 있다. 이때부터 북한에서는 모든 가극을 '혁명가극'으로 통칭하며, 과거의 가극과는 구별되는 '우리식의 새로운 가극'이 탄생했다는 점을 하나의 예술적 성과로 강조해 왔다.[5)]

혁명가극 〈피바다〉 이후 형성된 작품 양식은 이른바 '피바다식 가극'으로 정식화되었다. 이는 혁명적 내용을 중심으로 형식과

무용 〈조국의 진달래〉 한 장면(전영선 제공)

무대를 구성한 가극을 의미하며, 북한 공연예술의 전형으로 자리 잡았다. 피바다식 가극의 대표적인 작품으로는 1971년 피바다가극단의 〈피바다〉, 같은 해 조선인민군협주단의 〈당의 참된 딸〉, 1972년 피바다가극단의 〈꽃파는 처녀〉, 같은 해 평양예술단의 〈밀림아 이야기하라〉, 1973년 평양예술단의 〈금강산의 노래〉 등 다섯 편이 꼽힌다. 절가와 방창의 활용, 그리고 '흐름식립체무대미술'로 불리는 무대 구성은 혁명가극의 주요한 특징으로 정리된다.

〈피바다〉는 가극 작품에 그치지 않고 장르 확장을 통해 재생산되었다. 원래의 혁명연극은 예술영화로 제작되었고, 이후 혁명가극으로, 다시 장편소설로까지 확장되는 구조를 보였다. 북한에서는 김일성이 창작한 작품을 '불후의 고전적 명작'으로 칭하며, 문학예술 분야에서 가장 중요한 과제로 이러한 작품들을 반복적으로 재현하는 작업을 꼽는다.

북한의 주요 작품 다수가 불후의 고전적 명작을 시원으로 삼고 있다는 점에서, 혁명가극 〈피바다〉 역시 그 뿌리를 1936년 김일성이 만주에서 창작했다고 전해지는 〈혈해〉에서 찾고 있다.

이처럼 가극 공연은 김일성이 항일혁명 시기에 만든 소품을 원작으로 하여 대형 무대 예술로 확장된 대표적인 사례라 할 수 있다. 이러한 주제 확장의 방식은 가극에만 국한되지 않고 연극과 영화 등 다양한 공연·예술 장르로 이어졌다. 오랫동안 가극을 중심으로 형성된 이러한 공연의 전형은 북한 공연을 상징하는 대표적인 이미지로 자리 잡아 왔다.

북한 공연예술 무대(전영선 제공)

그러나 이러한 북한 공연의 모습은 현재까지도 변하지 않고 우리가 기억 속에 떠올리는 모습 그대로 멈춰 있을까. 김정은 집권 이후 최근의 북한 공연은 이에 대해 분명히 아니라고 답한다.

최근 북한의 공연은 미디어 파사드, 프로젝션 맵핑, 드론, 대형 LED 등 다양한 기술 성과를 시험하고 전시하는 무대로 변화해 왔다. 공연예술 분야에 과학기술을 적극적으로 접목하며, 문화예술과 기술의 결합을 강조하는 경향이 뚜렷해진 것이다. 대표적인 사례로 모란봉악단의 공연을 들 수 있다. 모란봉악단은 공연 시 무대 후면부 스크린을 적극적으로 활용하며, 이른바 '프로젝트에 의한 화면 형상'을 본격적으로 도입했다. 이는 이전 시기에는 거의 볼 수 없었던 새로운 표현 방식으로 평가된다.

북한에서는 LED를 활용한 무대 장치를 '대형 레드 화면'이라고 부르며, “무대와 객석을 하나의 전일체로 이어주는 기본 화면과 여러 개의 쪼각 화면으로 구성된 화면 일체”로 설명한다. 이 화면에는 곡의 내용에 상응하는 지도자의 연설 장면, 기록영화 영상, 사진 등이 결합되어 사용되며, 노래의 의미를 시각적으로 확장하는 역할을 한다.

'우리 식 축포' 개발 주제 소설 〈불의 약속〉(2014, 전영선 제공)

공연 공간의 변화 또한 주목할 만하다. 모란봉악단은 류경정주영체육관에서 공연을 진행하며, 기존의 프로시니엄 무대와 관객석이 명확히 분리된 구조에서 벗어나 돌출무대 형태를 도입했다. 이는 무대를 관객 쪽으로 열어 콘서트장과 유사한 공간감을 연출하려는 시도로 볼 수 있다.

이러한 변화는 2015년 당 창건 70주년을 기념해 기획된 대규모 공연 〈위대한 당, 찬란한 조선〉에서 더욱 분명하게 드러났다. 이 공연은 김정일 생일을 기념하는 '추억의 노래' 공연에서 출발해, 같은 해 10월 10일 당 창건 70주년을 맞아 1만 명 규모의 대공연으로 확장되었다.

특히 이 공연은 기존의 경기장이나 대형 극장이 아닌 대동강 위에 설치된 수상무대에서 진행되었다는 점에서 주목된다. 공연 장소 선정의 이유에 대해 북한은 관객의 인기나 단순한 상징성보다는, 김일성이 지은 〈사향가〉와 김정일이 지은 〈대동강의 해맞이〉의 배경이 되는 장소라는 점을 강조하며, 과거 지도자들의 예술적 업적과의 연관성을 부각했다. 자연을 적극적으로 활용한 이 수상 무대는 중국의 실경 수상 공연과 같이 자연 경관과 공연을 결합한 새로운 무대 양식과도 비슷한 측면이 있다.

2019년을 기점으로 북한에서는 대형 야외 공연이 본격적으로 등장했다. 2019년 신년경축공연이 열린 평양 김일성광장은 실내 공연장이 아닌 야외 콘서트장으로 변모했다. 공연은 콘서트 형식을 취하며, 새해를 맞이하는 카운트다운과 불꽃놀이가 결합되었다. 이는 북한 공연이 기존의 실내 공연 문법에서 벗어나 새로운 감각과 분위기를 도입하려는 시도로 해석할 수 있다. 이러한 변화는 무대 형식뿐 아니라 공연을 즐기는 관객의 모습에서도 확인된다.

북한 당국이 9월 9일 정권수립일을 맞아 평양 5월 1일 경기장에서 선보인 새 집단체조 〈빛나는 조국〉에는 드론, 레이저, 영상기술 등 최신 기술이 활용되었다.

2020년부터는 평양제1백화점 건물 벽면을 무대로 활용한 조명축전 〈빛의 조화: 2020〉이 개최되었다. 이 공연은 "우리 식의 독특한 3차원 다매체, 다통로 다중 투영 기술"을 활용해 건물 외벽에 대형 영상을 투사하는 방식으로 진행되었으며, 해당 기술은 제17차 2.16과학기술상을 수여받은 성과로 소개되었다. 이를 공연에 접목해 공개함으로써 과학기술 발전을 시각적으로 과시하려는 의도가 드러난 연출이다.

또 하나의 중요한 변화는 '빛'의 적극적인 활용이다. 북한의 공연은 점차 야간에 집중적으로 진행되기 시작했으며, 자정에 시작되는 행사도 등장했다. 밤을 배경으로 한 공연은 레이저, 불꽃, 드론과 같은 시각 효과를 극대화하기에 적합한 환경을 제공한다.

2020년을 기점으로 주요 경축행사에서는 레이저, 축포, 홰불 등 '빛'을 핵심 연출 요소로 활용하는 경향이 두드러졌다. 이는 코로나19와 자연재해 등 고난의 시기를 상징적으로 극복하고자

하는 메시지를 담는 동시에, 대규모 야간 행사의 화려함을 강조하는 장치로 기능했다.

2023년 신년경축대공연에서는 5월 1일 경기장의 빙상장을 공연 무대로 활용하는 새로운 시도도 등장했다. 기존에 체조대와 배경대로 구분되던 무대 공간을 빙상무대와 일반무대로 나누어 관람석과 가까운 공간에서는 빙상무용이, 안쪽 무대에서는 가수와 무용수의 공연이 동시에 이루어졌다. 이 과정에서도 레이저 조명과 불꽃놀이, 대형 프로젝션 맵핑 기술이 활용되어 국가 상징과 기술 성과가 강조되었다.

이처럼 북한 공연은 정치 환경의 변화, 세대 감각의 변화, 과학 기술 발전, 그리고 외부 정보 유입이라는 복합적인 조건 속에서 무대 형식과 연출 방식을 지속적으로 변화시켜 왔다.

과거 가극을 중심으로 형성되었던 북한 공연의 전형은 여전히 중요한 유산으로 남아있다. 하지만, 오늘날의 북한 공연은 그 전형 위에서 새로운 감각과 기술을 수용하고 변용하며 재구성되고 있다. 이러한 변화는 공연 콘텐츠뿐만 아니라 관객이 공연을 즐기는 방식에서도 나타난다.

2012년 등장한 모란봉악단이 북한 대중음악의 지표이자 트렌드가 되었다. 공연 시작부터 많은 인기를 끌었다. 이때 실황 공연 녹화에서 관객석을 비추는 장면을 보면, 관객들이 자리에서 일어나 비교적 자유롭게 호응하고 춤을 추는 모습이 자주 포착된다. 이는 공연 무대가 관객석으로 들어오는 방식으로 변화하면서,

7월

주체83(1994). 7. 8. 위대한 수령 **김일성**동지께서 서거하시였다.

주체101(2012). 7. 17 경애하는 최고령도자 **김정은**동지께서 조선민주주의인민공화국 원수칭호를 받으시였다.
1894. 7. 10. 우리 나라 반일민족해방운동의 탁월한 지도자 김형직선생님께서 탄생하시였다.
주체21(1932). 7. 31. 우리 나라 녀성운동의 탁월한 지도자 강반석녀사께서 서거하시였다.
7. 27. 조국해방전쟁승리의 날

일요일	월요일	화요일	수요일	목요일	금요일	토요일
27	28	29	30	1 5. 22.	2	3 전략군절
4	5	6	7	8	9	10 6. 1.
11	12 해양의 날	13	14	15	16	17
18	19	20	21	22	23	24 6. 15.
25	26	27	28	29	30	31

초복 7. 11. 중복 7. 21. 소서 7. 7. 대서 7. 22.

모란봉악단의 선우향희를 모델로 한 북한 달력(전영선 제공)

관객이 무대와 함께 어우러질 수 있는 분위기를 연출하려는 시도와 맞닿아 있다.

관객 또한 공연을 자유롭게 즐기고 자신의 감정을 표출하는 모습을 가감 없이 보여주며, 기존의 경직되고 엄격히 규율화된 관람과는 다른 개방적인 장면을 구성하려 한 것이다.

또한 2019년 이후 야외 콘서트 형식으로 진행된 설맞이 경축무대와 조명축전의 실황 영상에서는 관객들이 스마트폰으로 공연을 촬영하는 장면이 반복적으로 포착된다.

이러한 모습은 공연을 보다 자유롭고 유연하게 관람하는 분위기가 북한 사회 내부에서 확산되고 있음을 보여준다. 동시에 이는 북한 내 정보통신 기술의 발전과 스마트폰 사용의 보편화를 간접적으로 드러내려는 의도로도 해석할 수 있다.

이처럼 관객석에서 확인되는 변화는 무대의 형식 변화와 맞물려, 북한이 과거와는 다른 문법의 공연 문화를 선택적으로 수용하고 있음을 시사한다. 나아가 공연을 '즐기는 방식'의 변화는 한류의 한 요소로 자주 언급되는 팬덤 문화와도 느슨하게 연결될 수 있다.

물론 이를 북한 공연 변화의 직접적 원인으로 단정할 수는 없지만, 팬덤 문화가 북한 내부에서도 비공식적으로 이루어지고 있다는 점은 북한이탈주민들의 증언을 통해 전해지고 있으며, 이는 새로운 세대의 감각 변화와 문화적 욕구가 축적되고 있음을 보여주는 하나의 단서가 된다.

3. 공연에서 희미해지는 지도자 이미지

북한의 공연은 국가가 의도한 정치적 선전 메시지를 전달하는 문화적 장치로 기능해 왔다. 공연의 레퍼토리와 형식, 콘셉트는 물론 무대 기술과 연출에 이르기까지, 공연은 의도하는 방향성을 중심으로 구성되고 예술의 형태로 발현된다. 이러한 과정에서 공연 무대 위에 등장하는 지도자의 모습 역시 시대에 따라 달라져 왔다.

김정은 집권 첫해에 등장한 모란봉악단 공연은 이러한 변화의 출발점을 잘 보여준다. 당시 공연에서 김정은은 젊은 지도자로서의 정당성을 강화하기 위해 노골적인 방식으로 무대 위에 나타났다. 공연은 새로운 지도자의 이미지를 적극적으로 부각시키는 장치로 활용되었고, 젊고 개방적인 지도자 김정은의 이미지는 우상화와의 핵심 요소로 기능했다. 이는 김정은 체제가 출범 초기 권력 기반을 다지는 과정에서 공연이라는 문화적 장치를 전략적으로 활용한 사례라고 볼 수 있다.

그러나 한때 강조되던 김정은의 이미지는 최근 공연 무대에서 점차 사라지고 있다. 특히 이러한 변화는 '우리 국가제일주의'가 강조된 이후 더욱 두드러진다. 지도자를 전면에 내세우기보다 국가 상징과 '조국'이라는 개념이 공연의 중심으로 이동하는 경향이 나타난 것이다. 북한의 공연은 공통으로 해당 공연이 진행되는 기념일의 특성에 맞게 레퍼토리가 구성된다.

과거 공연은 지도자를 중심으로 구성되었다면, 최근 공연에서는 '조국', '국가' 상징이 전면에 등장하기 시작했다. 공연 무대에서 지도자의 이미지가 희미해진다는 것은 지도자 권력의 약화를 의미하는 것이 아닌 통치의 전략과 방식이 재조정되었다고 할 수 있다. 개인 지도자의 직접적인 선전 대신 국가와 공동체를 매개로 한 선전방식이 공연을 통해 구현되는 것이다.

그렇다면 북한 공연은 왜 지금 다시 변화하기 시작했을까. 이러한 변화는 지도자의 노골적인 우상화와 충성 요구가 더 이상 효과적인 선전방식으로 작동하지 않는다는 인식이 북한 당국 내부에서도 공유되고 있음을 시사한다. 직접적으로 지도자를 따르라고 종용하는 방식은 시대에 맞지 않는 선전으로 인식되기 시작했고, 오히려 공감을 얻지 못하는 요소로 작용할 가능성이 커졌다.

북한 당국의 시각에서 앞으로 체제를 지탱해야 할 주체는 청년으로, 이들은 기성세대와는 달리 사상이나 이념 중심의 사고보다는 기술 발전과 시각·감각적 환경 속에서 사회를 인식했기 때문에, 이러한 세대가 지닌 사고방식과 가치관, 감각의 차이는 기존의 선전방식으로는 더 이상 충분히 포섭하기 어렵다는 판단으로 이어졌을 가능성이 크다.

이러한 변화는 법과 제도의 차원에서도 확인된다. 반동사상문화배격법을 비롯해 김정은 시기 제정된 여러 문화·사상 관련 법들은 외부 문화 유입을 강하게 차단하는 동시에 내부에서 나타나고 있는 변화의 조짐을 제도적으로 관리하려는 의도를 담고 있다.

법에서 금지하고 있는 항목들은 이미 북한 사회 내부에서 실제로 나타나고 있는 행위와 현상을 반영한다. 이는 통제가 법제화될 정도로 변화가 진행되고 있음을 방증하며, 통제를 보다 엄격한 방식으로 제도화하려는 시도로 볼 수 있다.

이러한 맥락에서 등장한 것이 북한식 현대 공연이다. 북한의 현대 공연은 서구적이거나 한류적인 요소를 그대로 가져오는 방식이 아니다. 외부 문화의 형식과 감각을 선별적으로 차용한 다음에 국가 중심으로 메시지를 재배치하는 방식이 선택되었다. 이는 한류의 번역 과정을 거친 북한식 변용이라고 할 수 있다. 형식은 새로워졌지만, 그 형식이 전달하는 의미와 해석의 방향은 여전히 체제 내부의 논리에 따라 조정된다.

이 과정에서 형성된 북한식의 현대성 개방이나 변화의 신호라기보다 변화된 환경 속에서도 통제 가능한 질서를 유지하려는 전략적 선택에 가깝다고 할 수 있다.

분명한 사실은 북한 당국이 더 이상 과거의 감각만으로는 선전선동을 효과적으로 작동시킬 수 없게 되었고, 그에 대한 새로운 해법으로 관객의 감각을 의식하기 시작했다는 점이다. 이처럼 북한의 공연 무대는 이러한 변화를 가장 먼저 드러내는 공간이자, 변화하는 세대 감각과 외부 환경 속에서 북한 당국이 어떤 방식으로 통치를 조정하고 재구성하고 있는지를 보여주는 하나의 지표로 기능하고 있다.

4. 감각의 변화와 새로운 기준

북한 공연의 변화는 단순히 무대 형식이나 기술의 변화가 아니다. 공연을 보고, 듣고, 받아들이는 북한 주민들의 감각의 기준이 변화한 것이었다. 이러한 변화는 한 순간에 급작스럽게 나타난 것이 아니라, 2000년대 이후 북한 사회로 유입된 외부 정보 환경 속에서 점진적으로 형성되었다고 볼 수 있다.

K-pop, 드라마, 엔터테인먼트 산업으로 대표되는 한류는 전 세계적 현상으로 확산되었던 시기, 북한 역시 이러한 흐름으로부터 완전히 자유롭지 못했다. 물론 한류 콘텐츠가 북한에서 공식적으로 유통되거나 자유롭게 소비되지는 못했다. 그러나 비공식적 경로를 통해 외부 영상과 음악, 이미지들이 제한적으로 유입되고 새로운 감각과 감성 표현 방식이 확산되기 시작하면서 북한 내부에서도 더 이상 한류의 감성이 낯선 감각으로만 인식되지 않게 되었다.

김정은 시기 들어 강조된 예술의 형식주의 탈피, 시대성과 인민성이라는 기조는 이러한 변화된 환경과 무관하지 않다. 이는 이미 변화하고 있던 세대의 감각을 체제 내부에서 통제 가능한 방식으로 포섭하려는 시도로 해석할 수 있다.

한류를 포함한 외부 문화가 직접적으로 북한 공연을 바꾸었다고 보기는 어렵지만, 그로 인해 형성된 새로운 감각 환경이 북한 공연의 형식과 연출에 일정 부분 반영되었을 가능성은 충분하다.

이 과정에서 북한이 보여준 태도는 개방이나 모방이 아니라, 선택적 수용과 변용이었다. 북한은 외부 문화의 내용을 그대로 받아들이기보다, 그 형식과 감각의 일부를 선별해 내부 질서에 맞게 재배치했다. 이는 폐쇄적 체제 안에서 동시대적 트렌드와 한류적 감성을 '번역'하고 '현지화'하는 방식으로 나타났다.

결과적으로 북한식 현대적 감성의 형성으로 이어졌다. 이러한 과정은 북한 당국이 스스로의 문화 전략을 조정하는 일종의 정치적 자기 재편, 자기 조정 전략으로 볼 수 있다.

한류의 비공식적 유입 이후, 북한의 음악과 공연은 외부 트렌드의 형식을 부분적으로 차용하면서 내부 감성 구조를 재편해 왔다. 그러나 이 재편은 주민 개개인의 감성 자율성에 맡겨진 것이 아니라, 외부 형식을 내부 메시지와 결합해 선제적으로 주입하는 방식으로 이루어졌다. 북한에서의 감성 정치는 한류에 대한 방어가 아니라, 외부 감각이 내부로 침투하는 것을 통제의 틀 안에서 재구성하려는 전략으로 작동해 왔다.

북한 공연과 음악은 한류를 그대로 재현하지 않으면서도, 변화하는 시대 속에서 감각의 유효성을 유지하기 위해 문화적 번역을 수행해 왔다. 그 결과 북한의 공연은 세대 감각의 변화를 일정 부분 수용하되, 이를 북한식 변용을 통해 조율함으로써 체제의 정체성을 유지하는 방향으로 재편되고 있다.

다만 이러한 변화는 북한 음악과 공연의 소구력과 확장성에 분명한 한계를 동반한다. 형식과 감각은 현대화되었지만, 그 안에 담기는 메시지와 해석의 방향은 여전히 국가가 설정한 틀 안에 머물러 있기 때문이다. 그럼에도 불구하고 분명한 점은 북한 공연이 더 이상 과거의 감각만으로 유지될 수 없게 되었으며, 변화한 감각 환경에 대응하는 새로운 기준을 모색하고 있다는 사실이다.

참고문헌

논문

전영선, 「북한 '아리랑'의 현대적 변용 양상과 의미」, 『현대북한연구』 14(1), 북한대학원대학교 북한미시연구소, 2011, 40~75쪽.

하승희, 「북한의 악단 변화연구(1945~2018)」, 북한대학원대학교 박사논문, 2019.

김미진, 「북한 교예의 기원과 형태 연구」, 『동아시아 문화연구』 62, 한양대학교 동아시아문화연구소, 2015, 229~253쪽.

언론

이민정, ""연습하다 기절" 집단체조 부활시킨 北, '아동학대' 논란은?", 2018.07.19(https://www.joongang.co.kr/article/22816810).

전영선, 20세기 북한예술문화사전 '혁명가극' http://nks.ac.kr/Word/View.aspx?id=2760.

미주

1) 전영선, 「북한 '아리랑'의 현대적 변용 양상과 의미」, 『현대북한연구』 14권 1호, 2011, 40~75쪽.
2) 이민정, ""연습하다 기절" 집단체조 부활시킨 北, '아동학대' 논란은?", 2018.07.19. https://www.joongang.co.kr/article/22816810.
3) 하승희, 「북한의 악단 변화연구(1945~2018)」, 북한대학원대학교 박사논문, 2019, 228~229쪽.
4) 김미진, 「북한 교예의 기원과 형태 연구」, 『동아시아문화연구』 62집, 2015, 248~249쪽.
5) 전영선, 20세기 북한예술문화사전. '혁명가극' http://nks.ac.kr/Word/View.aspx?id=2760.

북한상품 디자인에 깃든 한류[1)]

: 북한 생활쓰레기 분석을 중심으로

강동완

1. 생활쓰레기에서 한류를 찾다

북한은 지난 2021년 1월 제8차 당대회를 개최하고 '인민대중제일주의'를 사회주의 기본 정치 방식으로 공식화했다. 당시 『로동신문』 기사에 따르면 인민대중제일주의를 "인민의 요구와 이익을 첫 자리에 놓고 인민 생활을 끊임없이 높이기 위하여 투쟁하여 온 당의 혁명적 본태와 드팀없는 의지의 발현"이라고 밝혔다.[2)]

이러한 구상에 따라 '인민생활향상'을 위한 경공업 발전과 식료품, 생필품 등의 공급이 강조되었다. 북한 주민들의 먹는 문제 해결은 기본적으로 식료품이 얼마나 생산, 소비, 유통되느냐의 문제와 직결된다.

현재 북한과의 인적, 물적 교류가 단절되고 북한 내 정보 파악이 제한된 상태에서 북한 식료품 생산이나 상품 현황을 파악하는 것은 분명 한계가 있다.

물론 『로동신문』이나 ‘조선중앙TV’의 선전 영상을 통해 북한 당국이 주요 공장의 성과를 선전하는 내용에서 일부 상품을 파악할 수는 있다. 하지만 이마저도 극히 제한적인 수에 불과하며, 상품의 구체적인 특성을 파악하기는 어렵다. 이에 관한 대안으로 완제품은 아니지만 북한이 생산한 식료품 제품의 포장재를 통해 상품 생산 현황 및 특성을 일정 부분 파악할 수 있다.

북한의 「식료품위생법」 제3장 제20조〉(*2022년 12월 6일 최고인민회의 상임위원회 정령 제1141호로 수정보충)에 따르면 생산된 식료품의 포장에 관해 아래와 같이 규정하고 있다.

> 식료품생산기관, 기업소, 단체는 식료품포장을 위생문화적으로 해야 한다. 식료품포장겉면이나 사용설명서에는 식료품명, 규격번호, 주원료, 보관조건, 보관기일, 생산지, 전화번호, 생산날자, 영양성분표, 조리 및 가공방법, 식별부호 등 기타 식료품안전기준에 따라 표시되어야 할 자료 같은 것을 밝혀야 한다. 식료품첨가제의 포장에는 사용범위, 용량수준, 사용방법을 밝혀야 한다. 식료품포장용기와 재료는 해당 식료품의 특성에 맞는 것으로 써야 한다.

이처럼 북한상품 포장재는 상품의 주원료는 물론 생산지와 생산날짜, 주원료 등 기본적인 정보를 포함한다. 따라서 상품포장재를 통해 북한에서 현재 어떤 상품이 어떻게 생산되는지 등의 기본적인 정보와 현황을 일부 파악할 수 있다.

또한 북한 내부에 확산하는 한류의 영향으로 인해 한국 상품이 공공연히 거래, 유통됨에 따라 한국상품과 디자인을 카피하는 현상도 나타나고 있다. 따라서 북한상품 포장지 디자인을 살펴보는 것은 현재 북한사회의 변화 흐름과 한류의 영향력을 평가할 수 있는 주요한 지표가 된다.3)

한편, 북한과 인접한 접경지역 해안가에는 북한에서 생활 쓰레기가 떠밀려 오는 데 이 중에는 상품포장재도 있다. 연평도, 백령도, 대청도 등 서해5도 지역은 물론 동해안 해안가에는 조류와 바람에 의해 북한 쓰레기가 해안가에 쌓인다.

서해안과 동해안은 계절에 따라 풍향이 다른데, 각각 겨울과 여름철에 집중해 주로 해안가에 쓰레기가 밀려온다. 해안가에 퇴적된 쓰레기 문제는 주로 해양쓰레기의 유입, 처리라는 시각에서 그동안 연구되었다. 이러한 연구에서는 특별히 해양쓰레기의 유입 경로 중 북한 쓰레기를 구분하지 않고, 주로 해양쓰레기 '국가 표준 모니터링' 방법에 따라 쓰레기 종류와 양, 유입 시기 등에 초점을 두고 연구가 진행되었다.

이러한 관점과 달리 남북한 인접 해안에 유입된 북한포장재 쓰레기를 수거하여 북한제품의 특성은 물론 북한 일상에 관한 연구를 파악하는 연구가 조금씩 이루어지고 있다.

북한 연구에서 가장 어려운 점이 자료의 한계 및 제약이라는 점을 고려할 때, 접경지역 해안가에 유입된 북한포장재 쓰레기는 분명 북한의 일상을 연구하는 하나의 연구 방법이 될 수 있다. 이러한 전제를 바탕으로 이 글에서는 동해안에서 수거한 북한포장재 쓰레기를 연구 대상으로 설정하고, 북한상품의 특징과 시사점을 살펴보고자 한다.

북한포장재 쓰레기는 당과류, 제빵류, 식료품류, 잡화류, 의약품류 등으로 분류할 만큼 많은 양이 떠밀려 오는데 본 연구에서는 식료품을 연구 대상으로 설정한다. 다른 제품과 달리 식료품은 북한 주민들의 먹는 문제와 직결되며, 북한 당국 역시 식료품 관련 제품 및 공장에 대한 선전을 강조한다.

따라서 식료품 포장재를 통해 어떤 공장에서 식료품이 생산, 유통되는지 그 현황과 특징을 살펴봄으로써 북한 사회 현상을 살펴볼 수 있다. 특히, 특정 상품 포장재에 포기된 광고문구와 디자인 등에 초점을 두고 북한 식료품 구매 요건에서 주로 어느 부분을 강조하는지도 살펴본다. 자본주의 시장경제에서 광고는 상품의 소비를 촉진하고 소비자로부터 상품 구매를 결정짓는 주요한 요인이다.

이와는 달리 '우리식 사회주의'를 주장하는 북한에서는 상품광고를 소비자로서의 인민을 고려하기 보다는 '인민생활 향상'이라는 체제선전의 관점에서 상품 광고를 인식한다.

이 글에서는 식료품 상품포장재 분석을 통해 북한 식료품의 세부적인 특징과 현황을 파악함은 물론, 특히 상품 포장재에 게재된 광고문구와 디자인적 요소를 살펴보았다.

아울러 이 글의 연구 대상과 범위가 동해안 지역이라는 점에서 기존 서해안 지역에서 수거한 연구와의 비교도 연구 내용에 포함한다. 이는 한국의 동해안과 서해안 지역으로 유입되는 북한상품 포장재 비교를 통해, 해당 상품이 북한의 특정 지역에서만 생산되는지 여부를 비롯하여, 북한 공장의 지역적 특성을 간접적으로 파악할 수 있기 때문이다.

2. 왜 생활쓰레기인가

북한 포장재 쓰레기 연구 의미

북한포장재 쓰레기를 통한 북한상품 분석 연구는 아직 활발히 이루어지지 않은 실정이다.

이 분야의 첫 연구는 강동완의 「북한 상품의 현황과 특징: 서해5도 지역에서 수거한 생활쓰레기 중 상품포장지 분석을 중심으로」(『통일인문학』 제87집, 2021)이다. 강동완의 연구는 연평도, 백령도 등 서해5도에 유입된 북한포장재 생활쓰레기를 대상으로 하여 북한제품의 현황과 특징에 대해 분석했다.

또한 주목되는 연구로는 강동완·유판덕의 「북한 일용품 포장지를 통해서 본 북한 사회: 개별 일용품 특징과 정치, 경제, 사회적 함의를 중심으로」(『통일문제연구』 제34권 1호, 2022)가 있다. 이 연구에서는 북한포장재 상품의 일반적인 특징과 현황에 대한 논의는 물론 북한상품이 갖는 정치, 사회, 경제적 의미를 분석했다.

이 글에서 설정한 동해안 지역의 연구 범위를 고려할 때 이와 유사한 연구는 강동완의 「동해안에 유입된 북한 생활 쓰레기 현황과 특징」(『한국과세계』 제5권 3호, 2023)가 있다. 이 연구는 동해안 해안가에서 수거한 약 1,400여 점의 북한 상품포장재 쓰레기를 연구 대상으로 설정하였다. 생활 쓰레기의 현황을 다루고 일부 상품의 특징과 시사점을 살펴봤다. 이 연구에서는 북한 상품 생산 공장이 주로 평양 중심의 지역 편중임을 증명하고, 동해안 지역 대도시 소재 공장에서 생산되는 일부 제품의 특징을 주로 살펴보았다. 또한 동해안 지역 도시 생산지 사례를 품목별로 정리하여 공장과 생산주소 등을 확인하는 작업도 병행하였다.

이러한 연구는 개별상품의 특징을 다루기보다 서해안과 동해안에 유입된 북한 상품포장재 쓰레기 유입 실태 및 현황에 주로 초점을 두었다는 한계가 있다.

북한 포장재 쓰레기 종류

따라서 본 연구에서는 동해안 유입 북한 상품포장재 쓰레기를 품목별로 분류하여 개별 특징을 살펴보는 데 차별성이 있다. 특히, 유제품류, 음료류, 빙과류, 식품류 등 식음료 제품에 초점을 두었다.

동해안에서 수거한 북한 상품포장재 쓰레기 중 개별 품목에서 가장 종류가 많은 건 탄산단물(음료수), 에스키모(아이스크림), 우유와 요구르트, 과자 순이다.

이 연구에서 말하는 '종류'는 각각 다른 공장에서 생산해 상표가 다른 것을 의미한다. 종류는 탄산단물(음료수) 98종, 에스키모 79종, 우유와 요구르트 68종, 과자 51종 등의 순으로 조사되었다.[4] 이 연구에서는 1,400여 점의 북한 상품포장재 쓰레기 중 식음료 비중이 상대적으로 높다는 점과 특히 북한 당국이 주민들의 먹는 문제 해결을 강조하고 있다는 점에서 포장재 중 식음료 상품을 연구 대상으로 설정한다.

아울러 서해안에서 수거한 북한포장재 쓰레기와 동해안 지역을 구분하기 위해, 서해안에 유입된 북한포장재 쓰레기를 분석한 강동완의 선행 연구를 비교, 인용하여 서해안과 동해안의 차이를 살펴볼 수 있다.

북한 포장재 쓰레기 수집

이 글에서 분석한 북한포장재 쓰레기의 수거 시기는 2021년 8월부터 2022년 11월까지 1년 1개월 동안 진행되었다. 수거 장소는 한국 행정구역을 기준으로 동해안을 접한 주요 지자체로서 부산시 기장군에서부터 강원도 고성군 해안가까지 민간인의 출입이 가능한 해안가 전 지역에서 이루어졌다. 동해안 해안가 중 강원도 지역은 해안경계 철조망 때문에 민간인이 출입할 수 없는 지역이 많아서 일부 개방된 해수욕장을 중심으로 수거 작업이 이루어졌다.

동해안 주요 해안가 중 북한 생활 쓰레기 수거는 강원도와 경상북도에서 이루어졌다.

강원도는 고성군(명파, 금강산콘도 해안, 마차진, 대진, 초도, 거진, 화진포, 반암해안, 가진, 현진, 송지호, 봉수대, 삼포, 백도, 교암리, 아야진 지역), 속초시(청간, 봉포, 캔싱턴해변, 등대해수욕장, 속초해수욕장 일대), 양양군(정암, 설악, 송전, 중광정, 잔교리해변, 지경리 일대), 강릉시(향호, 주문진 일대), 동해시(망상, 기곡, 대진 일대), 삼척시(상맹방, 맹방 일대)였다.

경상북도는 울진군(임원, 나곡, 후정, 기성망양 일대), 영덕군(장사 일대), 포항시(화진, 칠포 일대)였다.

3. 개별상품의 현황과 특성

유제품류

북한에서는 유제품을 '젖 제품'이라 한다. '젖 제품'은 '소젖'이라 부르는 우유와 '신젖'이라 부르는 요구르트를 의미한다. 이번 조사에서 우유와 요구르트는 68종 118점을 수거했다.

공장은 모두 17개로 조사되었는데 원산에 소재한 '송도원식료품공장'을 제외한 나머지 16곳은 모두 평양소재 공장임을 확인할 수 있다. 공장별로 보면 '5월1일경기장'브랜드를 사용하는 '오일건강음료종합공장'과 '오일종합가공공장'에서 복숭아우유, 딸기

우유, 칼시움우유 등을 포함한 19종의 우유제품과 복숭아, 딸기 요구르트 등 6종의 요구르트 제품을 생산함을 알 수 있다. 이 중에서 살구우유, 칼시움우유 그리고 소젖요구르트는 서해안에서 발견하지 못한 제품이다.

〈표 1〉 유제품 생산공장의 브랜드 및 상품 현황

공장명	브랜드	상품		생산지
		우유	요구르트	
오일건강음료 종합공장	5월 1일 경기장	복숭아, 딸기, 살구, 칼시움우유	복숭아, 딸기	평양
유아제약공장	유아	딸기, 사과	비타민C	
락연식료 가공공장	락연	어린이영양	-	
강동무역회사	우호	대추, 딸기, 복숭아	신젖, 딸기	
삼건무역회사	삼건	딸기	사과향	
경상수출품 가공소	경상	-	딸기향, 칼시움, 과일향신젖	
칠골송도공장	청수정	-	사과	
락광광홍식료 가공사업소	하늘	-	칼시움	
해빛건강 식품가공공장	해실	대추	-	
보통강 식료공장	보통강	-	대추향	
대성산식료 가공사업소	무릉도원	-	복숭아	
송도원 식료공장	송도원	-	과일맛, 키토잔을 넣은 과일맛	원산

다음으로 '유아' 브랜드를 사용하는 '유아제약공장'에서는 딸

기우유, 사과우유 2종과 비타민C요구르트 등 3종 제품을 생산한다. '락연'브랜드를 사용하는 '락연식료가공공장'에서는 우유 5종만 발견할 수 있었다. 이 중에서 '어린이 영양 우유'는 서해안에서 발견하지 못한 제품이다. 지금까지 수거한 다수의 우유제품이 첨가된 해당 원료 이름인 것과 비교하면 '어린이 영양우유'라는 제품명의 차별성이 주목된다.

'우호'라는 브랜드를 사용하는 '강동무역회사'에서는 앞서 '유아제약공장'과 동일하게 우유와 요구르트를 모두 생산하는데, 대추, 딸기, 복숭아우유와 신젖, 딸기요구르트 제품 등이다.

'삼건'이라는 브랜드를 사용하는 '삼건무역회사'에서는 사과

동해안에서 발견한 우유제품 포장재

향 요구르트와 딸기우유를 생산한다. '경상'브랜드를 사용하는 '경상수출품가공소', '대은수출품가공소', '양각도수출품생산사업소'에서는 우유제품은 발견되지 않았고, 딸기향, 칼시움, 과일향신젖 등 요구르트 제품만 발견할 수 있었다.

이외에도 단일 브랜드와 공장으로 '청수정'이라는 브랜드의 '칠골송도공장'에서는 사과요구르트, '하늘'이라는 브랜드의 '락랑광홍식료가공사업소'에서는 칼시움요구르트, '해실'이라는 브랜드의 '해빛건강식품가공공장'에서는 대추우유, '보통강'이라는 브랜드의 '보통강식료공장'에서는 대추향요구르트, '무릉도원'이라는 브랜드의 '대성산식료가공사업소'에서 복숭아요구르트를 그리고 브랜드를 알 수 없는 '삼건무역회사'에서는 사과향요구르트를 생산함을 알 수 있다.

한편, 유일하게 평양이 아닌 원산 소재 '송도원식료공장'에서는 '과일맛요구르트'와 '키토잔을 넣은 과일맛요구르트' 제품을 발견할 수 있었는데 이는 서해안에서 발견하지 못한 제품들이다.

음료류

탄산단물(음료수)은 총 98종이며 중복되는 것까지 포함하면 128점인데, '강동무역회사', '경공업과학분원 식료연구소', '경련애국사이다공장' 등 모두 34곳의 공장이 파악되었다. 이외에도 단물만 생산하는 공장은 '강동무역회사', '경흥은하수음료공장', '금컵체육인종합식료공장' 등 총 17곳이다.

앞서 유제품과 동일하게 '5월 1일경기장'브랜드를 사용하는 '오일건강음료종합공장'에서 12종의 탄산단물을 생산하는데 이 중에서 망고단물, 망고야자단물, 오미자단물은 서해안에서 발견하지 못한 제품이다.

특히 망고야자단물 제품에는 "망고즙 함유량 10% 야자살알갱이가 들어있습니다"라는 광고문구와 함께 "비타민C, E와 단백질, 로이신, 아르기닌을 비롯한 필수아미노산, 기름질, 식용섬유가 풍부하게 들어있는 망고와 천연 야자즙을 함께 넣어 만든 건강에 매우 좋은 음료입니다."라며 효능을 강조하는 문구를 표기한 것이 특징이다. 또한 "어린이들만 아니라 성인들에게도 아주 좋은 음료입니다."라는 문구는 이전 북한 품에서는 볼 수 없던 제품 광고 내용이다.

다음으로 '대동강'브랜드를 사용하는 '대동강과일종합가공공장'에서 5종의 단물을 생산하는데 특이한 건 배단물 제품의 경우 각각 500ml와 1리터로 용량이 다른 제품 등으로 다종화되었다는 점이다. 배단물 500ml 제품 이외 나머지 4종은 모두 서해안에서 발견하지 못한 제품이다.

한편, 식료품 공장이나 무역회사가 아닌 곳에서 만든 탄산단물 제품도 발견되는데, 예를 들어 '불야경'이라는 브랜드를 사용한 '평양시송배전부수출원천생산사업소'에서 귤향, 파이내플 탄산단물 제품을 '삼태성'이라는 브랜드의 '혁명사적지건설지도국정양소'에서 사과향탄산단물 그리고 '향오동'이라는 브랜드의 '락랑영예군인수지일용품공장'에서는 귤향 사이다를 생산함을 알 수 있다.

탄산단물의 경우 유독 서해안에서 발견하지 못한 제품이 많았다. 이는 동, 서해안에 유입되는 북한포장재 쓰레기의 종류와 관련이 있다. 즉, 서해안에서는 연평도와 백령도가 북한 지역과 인접한 거리에 마주하고 있기에 주로 바람에 의해 비닐포장재가 많이 발견된 것과는 달리 동해안에서는 파도에 밀려 유입된 페트병이 많다는 차이이다. 이러한 결과에 따라 탄산단물의 상품 종류가 서해안에 유입된 것과 비교해 보면 상대적으로 수량이 많아진 것으로 추정할 수 있다.

개별공장의 수도 더 많이 파악할 수 있다. 단일제품을 생산하는 공장으로 코코아향 탄산단물을 생산하는 '강동무역회사', 배단물을 생산하는 '대은수출품가공사업소', 귤향탄산단물을 생산하는 '대보경제협력교류사', 사과향탄산단물을 생산하는 '려명식료가공공장', 딸기향탄산단물을 생산하는 '만경대원천사업소' 등이 대표적이다.

한편, 페트병 제품이 아닌 비닐포장으로 만든 고체단물 제품도 동해안에서만 발견된 특이한 제품이라 할 수 있다. 단물가루 또는 고체단물로 표기된 이 제품은 '률곡'이라는 브랜드를 사용하는 '○○식료연구소(평양 선교구역)'에서 생산한 딸기향 탄산단물가루, 포도향 고체탄산단물 등이다. 개별포장 제품을 묶음 형식으로 이어놓은 형태인데 사용법을 보면 가루를 찬물에 넣어 희석

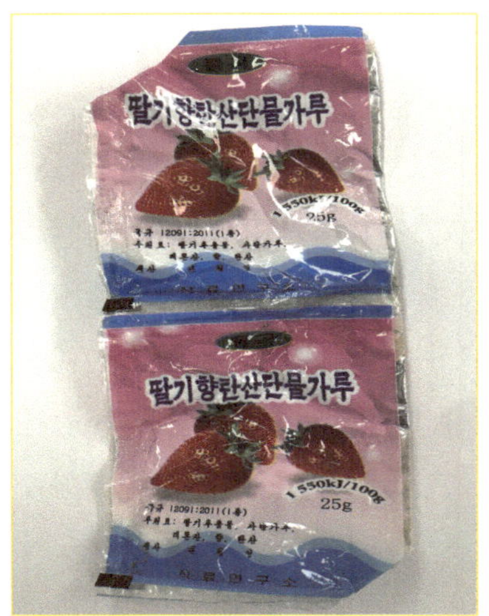

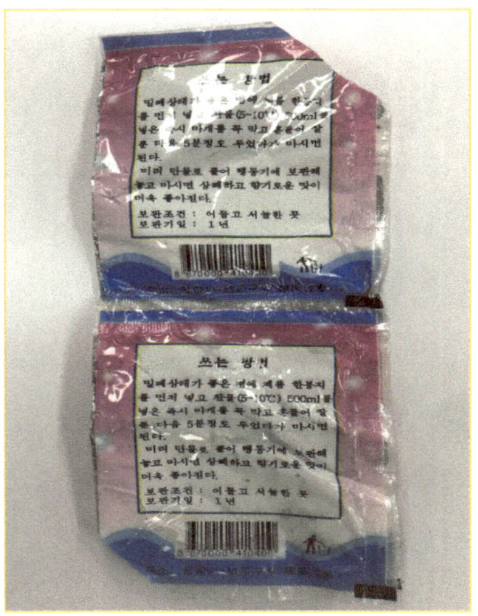

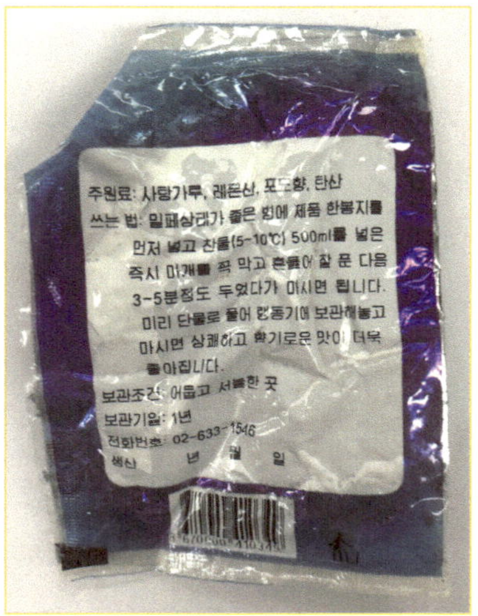

고체탄산단물과 단물가루 제품 포장지

해서 마시는 방식이다.

단물 제품 역시 앞서 유제품과 마찬가지로 제품의 효능을 강조하는 내용이 주로 표기됨을 알 수 있다.

오일건강음료종합공장’과 ‘락연식료가공공장’에서 생산된 파이내플 단물을 포함해 ‘대동강과일종합가공공장’에서 생산된 배 단물 제품 등은 ‘건강음료’임을 강조한다. 특히 로화방지와 피로회복 그리고 어린이들의 성장발육 등에 대한 내용을 표기하고 있다. 특히 ‘대동강과일종합가공공장’ 파이내플 단물 제품 은 서해안에서 발견하지 못한 제품인데 포장지에는 “정상적으로 마시면 로화를 방지하고 피로회복과 어린이들의 성장발육에 좋습니다”라는 광고문구가 표기되어 있다.

‘파이내플단물’제품에 표기된 효능 표기 사례

빙과류

빙과류는 에스키모와 얼음과자로 구분되는데 에스키모는 79종 138점이며 얼음과자는 3종 3점이다. 얼음과자로 표기된 제품은 최근 에스키모와 아이스크림이라는 용어를 사용하기 이전에 생산된 제품명으로 동해안에 유입된 북한포장재 쓰레기를 정기적으로 수거하지 않았기 때문에 이전에 생산된 상품포장재가 그대로 누적되었을 것으로 추정된다.

주목되는 점은 에스키모 79종 가운데 33종이 '5월 1일경기장' 브랜드를 사용하는 '오일건강음료종합공장'에서 생산한 제품이라는 것이다. 앞서 우유와 요구르트는 물론 탄산단물 제품 역시 '오일건강음료종합공장'에서 생산한 제품이 가장 종류가 많았다. 빙과류도 같은 현상을 보여주고 있다. 특히 이 공장에서 생산한 에스키모는 군밤야자, 과일요구르트, 꿀, 대추홍차, 딸기, 비타민C콜라겐, 와닐라향, 포도우유맛, 닭알, 사과, 소젖, 귤, 검은찹쌀, 고구마, 락화생(땅콩), 레몬, 록두향, 망고향, 배향, 수박, 어린이영양, 종합과일향, 찔광이향, 참외향, 커피향 등 종류가 매우 다양한 것이 특징이다. 이중에서 특히 레몬, 락화생, 록두향, 망고향, 배향, 사과향, 어린이영양, 찔광이향, 커피향 에스키모 제품은 서해안에서 발견하지 못한 제품이다.

국산 제품의 가짓수를 늘이는 방침은 이른바 '다양화, 다종화, 다색화'로 표출되면서 기존 사회주의 산업화 시기 양적증산—동일한 제품의 양적 증대—에서 '질적증산'—제품군의 다양화, 제품 기능의 다양화, 제품 색상의 다양화—으로의 전환을 도모하는 것으로 앞선 선질후량의 원칙과 결합하고 있다.[5]

앞서 살펴본 음료류를 비롯해 북한에서 생산하는 주요 제품은 주로 평양에 소재를 둔 기관 기업소 제품이 많다. 그런데 에스키모의 경우 지방 소재 공장에서 생산한 제품이 유독 눈에 띈다. 예를 들면, '백운'이라는 브랜드를 사용하는 '북창군식료공장'은 주소가 평안남도 북창군 북흥구로 표기되어 있다. 이외에도 강원도 원산시, 평안남도 평성시, 황해남도 해주시, 사리원시 등이다. 평양이 아닌 지방소재 에스키모 제품 현황을 정리하면 〈표 2〉와 같다.

한편, 얼음과자는 앞서 언급한 것처럼 에스키모와 아이스크림이라는 표기를 사용하기 이전에 사용하던 표기 방식으로 생산연도가 에스키모나 아이스크림에 비해 오래되었을 가능성이 크다.

〈표 2〉 평양 이외 지역 소재 에스키모 공장 현황

상품명	브랜드	기관 기업소명	주소
과일향에스키모	내금강	원산어린이식료공장	강원도 원산시 봉춘동
콩에스키모	백운	북창군식료공장	평안남도 북창군 북흥구
에스키모과자	보물산	원산시상업관리소	강원도 원산시 충해동
콩 에스키모	새매산		평안남도 평성시 요람동
콩에스키모	설류봉	해주려관	황해남도 해주시 영광동
콩아이스크림	옥천	옥천식료생산소	평안남도 북창군 상북구
콩 에스키모	푸른대지	사리원철도상업관리소	사리원시 구천2동
딸기 에스키모		갈마천식료홍신소	강원도 원산시 복막동
에스키모		사리원철도상업관리소	황해남도 사리원시

얼음과자는 '삼각'이라는 브랜드를 사용하는 '라진음료공장'에서 콩얼음과자라는 제품과 '평신'이라는 브랜드의 '평신합작회사'에서 딸기즙얼음과자 그리고 '신암구역식료공장'의 과일얼음과자 등의 제품이 있다. 이중 '신암구역식료공장'은 생산지가 "함경북도 청진시 신암구역 관해동"으로 표기되었는데 이는 서해안에서는 발견하지 못한 제품으로 청진시라는 생산지를 고려할 때 동해안의 특정 지역에서만 유통되는 것으로 추정된다.

식료공장이 아닌 기관에서 생산한 에스키모 제품의 경우 '해주려관', '과학자려관', '사리원철도상업관리소', '동대원종합식당' 등이 있는데 이 제품들은 모두 서해안에서도 똑같이 발견되었다. '려도'라는 브랜드의 '원산수산물직매점'에서 생산한 참외향 에스키모는 동해안에서만 발견된 제품인데 이는 원산이라는 특정 지역에서 생산한 것으로 볼 수 있다.

당과류

당과류는 북한에서 과자와 사탕 등을 의미하는데 이번 조사에서 습득한 과자는 51종 55점이며 사탕은 31종 45점이다.

과자를 생산하는 공장은 19곳이 확인되었다. 확인된 공장은 '경흥은하수식료공장', '금컵체육인종합식료공장', '동양무역회사', '라선령선합영회사', '락원식료공장', '련못식료가공사업소', '례성강식료공장', '룡성식료품가공공장', '만경대경흥식료공장', '묘향산합작회사', '성강식료공장', '송도원종합식료공장', '수림

식료공장', '운하대성식료공장', '원산식료가공사업소', '전승식료가공사업소', '평천릉라도식료품가공사업소', '함경남도위생방역소', '황해북도체육인후방물자생산사업소'이다.

사탕은 11곳으로 조사되었다. 조사된 공장은 '11월2일공장', '금컵체육인종합식료공장', '동대원묘향상점', '매봉산식료공장', '별심합작회사', '서재수출품가공사업소', '선흥식료공장', '송도원종합식료공장', '신포수산사업소', '원산봉화상점', '칠보식료공장'이다.

이 중 '금컵체육인종합식료공장'과 '송도원종합식료공장'은 과자와 사탕을 모두 생산하는 곳이다.

'금컵체육인종합식료공장'에서는 사과향사탕, 참깨사탕, 포도향사탕 제품을, '송도원식료공장'에서는 우유맛사탕, 콩사탕, 호두살을넣은초콜레트사탕, 귤향사탕 등의 제품이 조사되었다. 두 곳 모두 3종 이상의 제품을 생산하는 것으로 나타났다. 또한 이 제품들 중에서 우유맛사탕 1종을 제외하고 나머지는 모두 서해안에서 발견하지 못한 제품이다.

평양 소재가 아닌 공장 중에서는 함경남도 신포시 련호동으로 생산지를 표기한 '신포수산사업소'가 주목되는데 이곳에서는 간유알사탕을 생산하고 있다. 신포수산사업소라는 기관의 특징을 반영한 듯 '신포'라는 브랜드의 형상은 물고기 모양으로 디자인했다.

신포수산사업소는 함경남도 신포시에 있는 기업소로, 북한 최대의 수산기지 역할을 하고 있는데 주로 냉동품, 절임품, 건제품, 간유사탕, 어분 등을 생산하는 것으로 알려져 있다.[6] 특히 2024년 7월 김정은이 직접 신포양식업소 부지를 돌아본 데 이어 11월에도 공사 현장을 방문, 준공식까지 참석하는 등 6개월의 건설

〈표 3〉 사탕 제품 종류와 공장

품명	브랜드	공장	공장주소
크림속사탕	꽃바다	서재수출품가공사업소	
과일향사탕	금빛	칠보식료공장	평양시 보통강구역 봉화동
레몬향사탕			
사과향사탕	금컵	금컵체육인종합식료공장	평양시 만경대구역 서산동
참깨사탕			
포도향사탕			
리진사탕	대하		
코코아사탕			
과일향사탕	매봉산	매봉산식료공장	
맛사탕	봉화	원산봉화상점	
과일사탕	선흥	선흥식료공장	평양시 만경대구역 칠골2동
우유맛사탕	송도원	송도원종합식료공장	강원도 원산시 석현동
콩사탕			
호두살을넣은 쵸콜레트사탕			
귤향사탕			
간유알사탕	신포	신포수산사업소	함경남도 신포시 련호동
사탕(50g)	전승	11월2일공장	
당과류(100g)			
포도향사탕		별심합작회사	
과일맛 우유사탕	(불명)	동대원묘향상점	평양시 만경대구역 장훈3동
−유사탕		−−−료공장	평양시 만경대구역 칠골2동

기간에 세 차례 방문한 곳이다.

한편, '11월2일공장'에서 생산한 사탕(50g)과 당과류(100g)는 서해안에서도 발견된 제품으로 이 공장은 일반 주민이 아닌 북한에서 전방부대 군인들에게 공급되는 군수품을 생산하는 공장이다.

이 공장은 김일성의 지시로 1947년 5월 설립됐으며 "과자, 사탕, 빵을 비롯한 갖가지 식료품을 생산해 군인들에게 공급하는 종합적인 식료가공기지(공장)"로 알려져 있다. 김정은의 지시로 최근 이 공장에 현대적인 간식생산 공정을 새로 건설했다며 제534군부대(군 후방총국)와 공장 노동자들이 "짧은 기간에 능력이 큰 간식생산공정을 완성하고 생산을 정상화하고 있다"고 전했다.7)

과자 제품은 '경흥' 브랜드를 사용하는 '경흥은하수식료공장'과 '대경흥식료공장'에서 가장 많은 제품을 생산하고 있으며, 다음으로 김맛과자, 딸기향백합과자, 파맛과자 등 4종의 제품을 생산하는 '금컵체육인종합식료공장' 순으로 조사되었다.

이 공장은 앞서 사탕 제품도 3종 이상 생산하며 다양한 상품을 생산한 것으로 나타났는데, 지난 2015년 11월 김정은이 "체육부문뿐 아니라 나라의 식료공업을 발전시키는 데서 중요한 위치에 있는 공장"이라며 리모델링을 지시한 이후 2016년 1월 23일 김정은의 현지지도 이후 2월 4일 준공식이 열린 곳이다.

또한 함경남도 함흥시 회상구역 정성동으로 생산지를 표기한 '함경남도위생방역소'의 다식 제품과 락화생쵸콜레트 상품도 있다.

제품 포장지 중에서 주목할 생산지의 하나는 '황해북도체육인후방물자생산사업소'이다. '황해북도체육인후방물자생산사업소'에서 생산한 쵸콜레트참깨강정은 서해안에서도 발견된 제품인데, 황해북도라는 위치를 고려할 때 동·서해안 지역에서 모두 발견되었다는 점은 후방물자 사업이 특정 지역에 국한되는 것이 아니라는 점을 확인할 수 있다.

〈표 4〉 과자류 생산 공장 및 현황

브랜드	상품명	공장	공장주소	서해안 중복 여부
경흥	우유맛쵸콜레트	경흥은하수식료공장	평양시 만경대구역 칠골2동	○
	종합영양과자			×
	파이내플향백합과자			×
	검은참깨과자	민경대경흥식료공장	평양시 만경대구역 갈림길1동	×
	김맛과자			
	파맛과자			
	흰쌀 튀기과자			
금컵	김맛과자	금컵체육인종합식료공장	평양시 만경대구역 서산동	×
	딸기향백합과자			○
	백합과자			○
	파맛과자			○
	포도향백합과자			○
	쵸콜레트			×
대동골	락화생쵸콜레트	함경남도위생방역소	함경남도 함흥시 회상구역	×
대하	구기자 과자	운하대성식료공장	평양시 보통강구역 붉은거리 2동	○
	들깨 쌀 강정			×
동양	우유과자	동양무역회사		×
락원	포도향과자	락원식료공장		×
련풍	쵸콜레트단묵	혁신식료가공사업소		×

브랜드	상품명	공장	공장주소	서해안 중복 여부
룡마산	쵸콜레트영양강정	룡성식료품가공공장	평양시 룡성구역 룡성2동	×
묘향산	비타민 과자	묘향산합작회사		×
성흥	빠다 크림 과자	례성강식료공장		×
송도원	강정	송도원종합식료공장	강원도 원산시 석현동	×
	겹과자			○
	옥쌀기름튀기강정			×
	쵸콜레트다식			×
송이	쵸콜레트락화생강정	련못식료가공사업소		×
수림	들깨			×
신흥	빠다과자	원산식료가공사업소	강원도 원산시 송흥	×
영봉	쵸콜레트			×
축포	락화생튀기	전승식료가공사업소		×
필승	쵸콜레트참깨강정	황해북도체육인후방물자생산사업소		○
(불명)	과자	동양무역회사	평양시 락랑구역 관문3동	×
	과자	수림식료공장		○
	소고기맛국수튀기	라선령선합영회사	라선시 라진지구 신흥1동	×
	쵸콜레트참깨강정	황해북도체육인후방물자생산사업소		○
	해바라기 기름과자	평천룡라도식료품가공사업소		○
	----다식	함경남도위생방역소	함경남도 함흥시 회상구역 정성동	×

가공식품류

식품류는 면류와 가공식품으로 구분할 수 있는데, 면류는 즉석국수와 우동으로 7종 15점이며 가공식품류는 종합안주, 말린명태, 마요네즈, 가공락화생 등 12종 15점으로 조사되었다.

북한에서는 라면을 즉석국수로 표기하는데 즉석국수를 생산하는 주요공장은 '오일종합가공공장'과 '경흥은하수식료공장'으로 이 공장에서 생산하는 제품 포장재는 서해안과 동해안에서 똑같이 발견되었다. 한편, '류경경제교류사'와 '남홍' 브랜드를 사용하는 '만경대경흥식료공장'에서 생산한 소고기맛 즉석국수는 동해안에서만 발견된 제품이다.

즉석국수 외에 우동은 '릉라도' 브랜드를 사용하는 제품으로, '평양시 평천구역 안산2동'으로 주소가 표기되었지만 포장지가 훼손되어 생산공장을 파악할 수 없는 제품이 있다. 포장재에는 '쫄깃쫄깃, 후더분한 감'이라는 문구가 표기되었고, 조리방법을 상세하게 설명하고 있다. '릉라도' 브랜드 우동 제품의 조리방법 표기는 다음과 같다.

1. 우동을 끓는 물에 넣고 만문해지면 인차 조리로 건져냅니다.
2. 18~20℃ 물에 2~3번 헹구어서 사리를 만든 다음 채반에 건져 물기를 뺍니다.
3. 우동즙을 맛있게 만들어 꾸미로는 양배추와 고구마잎, 버섯, 풋고추, 미역줄기와 같은 것을 볶아놓고 삶은 닭알을 놓아 잡수시면

됩니다.

가공식품류 12종은 모두 서해안에서는 발견하지 못한 제품으로 '금릉' 브랜드를 사용한 '선교식료공장'의 종합안주와 '청류벽'이라는 브랜드를 사용한 '소삼흥식료생산사업소'의 종합안주 제품이다. 동해안이라는 지리적 특성 때문인지 강원도 원산시 장촌동 주소지로 표기된 '원산시수산물종합상점'의 말린 명태살편과 말린 명태는 서해안에서는 발견되지 않은 제품이다.

한편, 마요네즈 제품은 서해안에서도 발견한 종류이기는 하지만 '마얀산'이라는 브랜드의 '유원수출품생산사업소'에서 생산한 마요네즈는 동해안에서만 발견한 제품이다.

〈표 5〉 가공식품류 생산공장 및 현황

품명	브랜드	공장	공장주소
종합안주	금릉	선교식료공장	평양시 선교구역 남신 1동
말린 명태	내원산	원산시수산물종합상점	
가공락화생	락랑		
마요네즈	마얀산	유원수출품생산사업소	
종합가공안주	청류벽	소삼흥식료생산사업소	평양시 만경대구역 삼흥 1동
종합가공안주	향--	락랑영예군인수지일용품공장	
말린 명태살편	(불명)	원산시수산물종합상점	강원도 원산시 장촌동

4. 식료품류 상품의 특징

식료품의 특정 맛이나 주원료를 강조

품목별 포장재 현황을 종합적으로 정리하면, 식음료 포장재 문구는 주로 해당 상품의 맛과 주원료 그리고 효능을 선전하는 내용으로 구분할 수 있다. 무엇보다 식료품의 특성상 몸에 이로운 주원료를 사용하거나, 방부제 등을 사용하지 않았다는 점을 강조하는 것이 특징이다.

예를 들어, '송도원종합식료공장'의 '옥쌀기름튀기강정'제품에는 '무방부제, 무색소, 무감미제'를 표기하며 몸에 해로운 첨가물을 사용하지 않았음을 강조한다. 이와 반대로, '운하대성식료공장'의 '구기자과자'제품에는 '꿀을 넣은 맛있고 영양가가 높은 과자'라는 문구를 넣어 좋은 원료를 사용했음을 광고한다. 실제로 주원료를 보면 구기자, 밀가루, 꿀, 사탕가루 등이 표기되어 있다. 하지만 한국 제품과 같이 실제로 이 원료가 대략 어느 정도 비율로 들어갔는지는 상세히 알 수 없다.

다음으로 제품 효능을 강조하는 표기를 살펴보면, '남강무역회사'에서 생산한 참외향단물을 들 수 있는데, 여타 탄산단물 제품과 비교할 때 '영양성분이 풍부하여 로화를 방지하고 피로회복과 어린이들의 성장발육에 좋습니다'라는 효능을 강조한다. '묘향산합영회사'의 비타민과자는 제품명에서 비타민이라는 특정한 원료가 가미되었음을 암시하는데, 실제로 주원료를 보면 밀가루,

흰사탕가루, 비타민(A, D_3, E, B_1, B_2, C) 등이 표기되어 있다.

다음으로 상품 고유의 맛을 강조하는 표기를 살펴보면, 먼저 '만경대경흥식료공장'의 '소고기맛 즉석국수'제품에는 "더울 때 드시면 맛이 더 좋습니다. 쫄깃쫄깃한 맛, 밥을 말아 드셔도 제일 좋은 국물, 구수한 소고기맛과 얼벌벌한 매운맛이 나며 쫄깃쫄깃한 국수발로 하여 드시는 사람들의 입맛을 한층 더 돋구어줍니다."라는 문구가 표기되어 있다.

또한 '유원수출품생산사업소'에서 생산한 마요네즈 제품에는 "매우 부드럽고 맛이 고소하며 산뜻한 느낌을 주는 양념식품입니다."라는 문구가 표기되었다. 이외에도 '락랑영예군인수지일용품공장'에서 생산한 종합가공안주는 '고소한 맛'이라는 문구를 표기하는데, '선교식료공장'의 종합안주 역시 '고소하고 달콤한 맛'이라는 표기로 제품의 특정한 맛을 선전한다. 종합안주 제품에는 대체로 '고소하다'는 표기를 동일하게 사용한다.

효능을 검증할 수 없는 허위, 과장광고

북한 식료품 중 일부 제품 포장지에는 효능을 강조하는 문구가 유독 많다. 특히, '오일건강음료종합공장', '락연식료가공공장', '금컵체육인종합식료공장' 등 평양에 소재한 북한의 대표공장 제품에는 '식품안전관리체계인증을 받았습니다'라는 표기와 함께 '국규 22000(ISO22000)'이라는 공식 인증을 강조하는 것이 특징이다. 이는 식료품이라는 제품의 특성상 위생과 안전성을 부각하기 위한 것으로 볼 수 있다.

그런데 공식적인 인증 조건과 기준을 파악하는 데 한계가 있기에 이러한 인증이 얼마나 제품 신뢰성을 담보할 수 있는지 확인하기는 어렵다. 특히, 완제품이 아니기에 상품의 질을 평가하는 것은 불가능하며 이 연구에서 다루는 연구범위를 벗어난다.

본 연구에서는 북한 식료품 포장재에 표기된 광고문구를 대상으로 분석하는데 일부 제품의 경우 허위, 과장광고로 볼 수 있는 부분들이 있다. 허위과장 광고의 판별기준은 법적 기준에 따르는데, 그 기준은 한국의 경우 식품위생법에 명확히 규정되어 있다. 허위, 과장광고로 인한 소비자들의 피해 발생을 방지하기 위하여 한국 식품위생법은 다음과 같은 규정 등을 두고 있다.[8)]

제11조 (허위표시등의 금지)

① 식품 등의 명칭·제조방법 및 품질에 관하여는 허위표시 또는 과대광고를 하지 못하고, 포장에 있어서는 과대포장을 하지 못하며, 식품·식품첨가물의 표시에 있어서는 의약품과 혼동할 우려가 있는 표시를 하거나 광고를 하여서는 아니된다. 식품·식품첨가물의 영양가·원재료·성분 및 용도에 관하여도 또한 같다. ('개정 1995.12.29., 2002.8.26')

북한의 법체계에서 식료위생법은 제품의 기본정보를 표기하도록 규정하지만, 포장에 관한 별도의 규정은 없다. 따라서 북한

상품 포장재에 표기된 내용을 한국 식품위생법에 근거하거나 세계적 기준에 따라 과장광고 여부를 평가할 수밖에 없다.

허위과장광고는 허위의 내용 또는 과장된 내용으로 의하여 소비자를 오인시킴으로써 소비자의 합리적 상품선택을 방해할 우려가 있는 광고로 정리할 수 있다. 공정거래위원회의 심결사례를 구체적으로 살펴보면 구체적으로 광고 내용이 사실과 완전히 다르거나 부분적으로만 사실인 경우, 제품의 특성상 용인될 수 없는 사실을 부장하는 경우(미 실증 광고), 배타적 용어를 사용하는 경우에 허위, 과장광고라고 판결하고 있다.9)

이러한 근거를 기준으로 북한 상품포장재를 살펴보면, 일부

송도원종합식료공장에서 생산한 사탕제품 포장재

상품의 경우 검증되지 않는 효능을 강조하는데 이는 허위, 과장 광고로 볼 수 있는 부분이다.

예를 들어, '오일건강음료종합공장'에서 생산한 에스키모 제품에는 '갈증해소, 성장발육촉진, 장내세균총개선'이라는 문구와 함께 '제품 1개당 젖산균 10개 이상 비타민C' 등이 표기되어 있다. 하지만 장내세균총개선이라는 임상학적 효능은 실제 검증되지 않은 내용이다.

또한, '송도원종합식료공장'의 '호두살을 넣은 초콜레트 사탕' 제품은 "하루에 3알씩 드시면 필요한 지방섭취를 충분히 하게 됩니다. 심장병, 비타민부족증에 좋습니다."라는 문구를 표기했는데 특정 질병을 언급하고 있다는 점에서 허위, 과장 광고로 볼 수 있다.

한국의 식품위생법 제13조 및 같은 법 시행규칙 제8조 제1항에서 그 제품의 성분 및 원재료에 대하여 질병의 치료에 효능이 있는 것처럼 광고하는 행위도 과대광고로 규제하고 있는 점에 비추어 볼 때, 그 식품 자체에 관하여 그러한 효능이 있는 것으로 광고하지 아니하였다 할지라도 그 원재료가 그러한 효능이 있는 것으로 광고한 경우에는 그 식품에 관하여 과대광고를 한 것이 된다.[10] 이러한 기준으로 볼 때 본 제품은 심장병이라는 특정 질병에 효능이 있는 것처럼 표기하고 있다. 특히, 이 제품의 원료인 호두가 함량되었다고 하더라도 이는 식품 자체에 그러한 효능이 있는 것처럼 소비자가 오인할 수 있다는 점에서 허위, 과장

광고로 볼 수 있다.

이외에도 '삼건무역회사'의 딸기우유와 사과향 요구르트 제품에는 '어린이 키크기, 성장발육'이라는 문구는 물론 '컴퓨터를 사용한 후 방사선차단효과', '항암작용', '로화방지', '어린이성장발육' 등 효능이 검증되지 않은 다소 과장된 표현이 있다.

삼건무역회사 제품의 상품 포장재 표기 내용을 보면 '딸기우유'에는 "신선한 소젖에 비타민이 풍부한 딸기즙을 넣어 만든 우수한 건강음료입니다.", "향기롭고 달콤한 맛!", "어린이들의 키크기와 성장발육에 필요한 칼시움과 비타민을 함유하고 있습니다.", "봉인을 뗀 후 인차 마시십시오.", "차게 하여 마시면 맛과 향기가 더욱 좋아집니다." 등이 들어가 있다.

사과향 요구르트 포장재에는 "요구르트는 독특한 효능을 가진 영양제품으로서 체내의 미생물균형을 조절하여줍니다. 특히 컴퓨터를 사용한 후 요구르트를 마시면 방사선차단효과를 볼수 있습니다.

또한 식사후 요구르트를 마시면 위장에 아주 좋습니다.", "요구르트에는 비타민 함유량이 대단히 많으며 비타민부족증과 임산부, 젖먹이는 어머니들에게 높은 생활력과 입맛을 돋우어주며 항암작용도 합니다. 그러므로 정상적으로 마시면 로화를 방지하고 어린이성장발육에 아주 좋습니다."라는 문구가 들어가 있다.

식품의 친근감을 강조하는 캐릭터와 서체

북한제품 포장재도 산업미술에 기반을 두고 다양한 디자인과 서체, 캐릭터 등을 활용하고 있다. 북한에서 발행한 백과사전에는 산업미술을 '제품의 형태와 색깔, 생활환경 같은 것을 아름답고 보기 좋게 또는 쓸모 있게 만들거나 꾸리는 등 산업적 목적에 이바지하는 미술로 정의하고 있다. 북한상품 포장재에서 가장 큰 특징은 제품 이미지를 구현하는 캐릭터를 표기했다는 점이다.

특히 식료품은 원재료를 형상화한 캐릭터 도안이 많은데, 예를 들어 귤이 주원료로 들어간 제품은 감귤 모양을 기본적인 도안으로 하여 친근한 이미지의 얼굴을 그려 넣은 방식이다. 또한 우유 제품은 소를 형상화하여 제품의 직관적 이미지를 전달한다. 이는 식료품이라는 특성상 위생과 안전성을 강조하면서 상품의 친근성을 강조하려는 의도로 볼 수 있다.

북한 역시 산업미술에 대한 강조는 개별상품별 '상표도안'과 함께 '캐릭터'를 삽입하는 형태로 이어진다. 자본주의 양식처럼 화려하고 개성이 있는 캐릭터라기보다 상품을 연상케 하는 직관적인 형태의 캐릭터 도안이 많다. 특히 북한 당국은 현재 자력갱생과 국산품 애용을 강조하면서 우리식의 캐릭터 도안을 강조한다.[11]

우리식의 캐릭터 도안과 관련하여 특히 주목되는 제품은 '강무역회사만경대식료생산사업소'에서 생산한 망고향탄산단물인데 별도의 도안이 아닌 북한 만화영화 '영리한너구리' 캐릭터를 변용해서 사용하고 있다.

〈표 6〉 상품별 캐릭터

생산공장	브랜드	상품명	캐릭터
송도원식료공장	송도원	과일맛요쿠르트	
오일종합가공공장	5월1일경기장	귤단묵	
운하대성식료공장	대하	구기자 과자	
평천식료공장	평천	초콜레트다식	
오일건강음료종합공장	5월1일경기장	검은참깨, 콩우유	

생산공장	브랜드	상품명	캐릭터
남강무역회사만경대식료생산사업소	남강	망고향탄산단물	
옥류식료가공사업소	옥류	과일향고체단물	

한편, 포장재 디자인의 다양한 캐릭터와 함께 제품마다 서체를 디자인화하여 구분하고 있다. 같은 품목이라도 기관, 기업소에 따라 전혀 다른 서체를 사용하여 고유한 제품의 이미지를 부각하고 있다. 예를 들어, 사탕 제품의 경우 원료에 따라 여러 종류의 사탕이 있는데 '사탕'이라는 두 글자를 표기하는 서체도 각각 다름을 알 수 있다.

〈표 7〉 사탕 제품과 서체

서체	공장	브랜드	제품
	칠보식료공장	금빛	과일향사탕
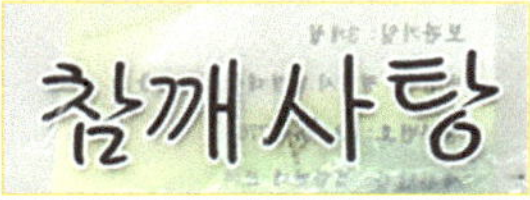	금컵체육인종합식료공장	금컵	참깨사탕
	동대원묘향상점	묘향	과일맛우우사탕
	송도원종합식료공장	송도원	쵸콜레트사탕
	선흥식료공장	선흥	과일사탕
	별심합작회사		포도향사탕
	서재수출품가공사업소	꽃바다	크림속사탕

서체	공장	브랜드	제품
	신포수산사업소	신포	간유알사탕
	11월2일공장	전승	사탕

또한 각 상품은 고유한 브랜드(상표)를 표기하고 있다. 자연을 형상화한 브랜드로는 묘향산합작회사의 '묘향산'으로 실제 기업소명과 동일한 브랜드를 사용하며 실제 산 모양으로 디자인된 것을 알 수 있다. 해빛건강가공식품공장의 '해살'브랜드도 자연을 의미하며 실제 해살, 해빛 등의 이미지를 담아 태양을 기본적인 디자인으로 적용했다. 기관, 기업소의 설립 목적에 맞는 브랜드인데 대표적으로 '전승식료가공사업소'에서 사용하는 '축포'는 전승의 축포라는 의미를 표현한 것으로 보인다.

〈표 8〉 공장별 상품과 브랜드

디자인	공장	상품	브랜드
	해빛건강식품가공공장	우유	해살
	대성산식료가공사업소	요구르트	무릉도원
	서재수출품가공사업소	사탕	꽃바다
	전승식료가공사업소	과자	축포
	련못식료가공사업소	쵸콜레트락화 생강정	송이
	묘향산합작회사	비타민과자	묘향산

식품포장재의 한류

북한 상품 디자인의 주요 특징으로 무엇보다 한국산 제품 디자인을 그대로 모방했다는 점을 지적할 수 있다. 상표와 디자인 등은 지적재산권은 물론 국제법적으로도 보호받는 대상이다.

북한이 상표와 디자인 등을 무단 도용하는 사례는 여러 가지

출처: 강동완, 『서해5도에서 북한쓰레기를 줍다』, 246쪽.

라면(즉석국수) 포장지

북한 상품을 통해 확인된다. 대표적인 사례로는 한국 '농심' '신라면'과 북한 '라선령선종합가공공장'의 '소고기맛 즉석국수'의 포장지는 색상과 디자인이 비슷하다.

이 외에 한국 과자 포장지 디자인과 유사한 북한 과자 제품 디자인은 다수에서 확인된다.

자료: 전병길(2022)

출처: 강동완, 『서해5도에서 북한쓰레기를 줍다』, 211쪽.

남·북한 제품 포장지

동해안에서 떠내려온 포장재가 아닌 완제품을 입수하여 비교한 사례도 있다. 북한의 매운김치맛 비빔국수는 한국의 불닭볶음면 포장지 디자인과 유사하다.

북한 매운김치맛 비빔국수

한편, 북한 '송도원종합식료공장'에서 생산한 코카콜라 탄산단물 제품은 코카콜라의 상표명은 물론 색상과 디자인 비슷하게 모방한 것을 볼 수 있다.

코카콜라 디자인

5. 나가는 말

지금까지 동해안에 유입된 북한포장재 쓰레기를 통해 상품의 특징과 주요 시사점을 살펴보았다. 이 연구에서는 식료품 중 유제품류, 음료류, 빙과류, 당과류, 가공식품류를 연구대상으로 설정하였고, 개별 품목마다 생산공장과 상품 생산 현황을 살펴보았다.

북한 식품법에 따르면 상품포장재에는 공장명, 주원료, 주소 등을 의무적으로 표기하게 되어 있다. 따라서 동해안에 유입된 식음료 포장재를 통해 북한에서 어떤 상품이 어디서, 어떻게 생산되는지 살펴볼 수 있었다. 이와 관련하여 품목에 관련 없이 공장은 대부분 평양이라는 공통적인 특징이 있다.

또한 공장별로 자체 특성을 반영한 상표(브랜드)를 사용하였으며, 제품마다 각기 다른 서체와 디자인 요소도 사용하고 있음을 알 수 있었다.

상품포장재의 광고적 요인을 살펴보았다. 식음료라는 특성상 주요 광고는 주로 식품 안전성과 위생, 효능 등을 강조하는 문구가 표기되었다.

문구의 주요 특징은 다음과 같다.

첫째, 식료품의 특성상 몸에 이로운 주원료를 첨가했다거나 무방부제를 강조하면서 제품의 안전성과 효능을 부각했다.

둘째, 검증되지 않는 허위, 과장광고로 볼 수 있는 내용이 다수 발견되었다.

셋째, 산업미술에 기반하여 다양한 디자인과 서체, 캐릭터 등을 활용하고 있다는 점이다.

넷째, 한국산 상품 디자인을 모방한 제품으로 이는 한국 상품의 북한 내 유통 가능성은 물론 한류 확산이라는 관점으로 볼 수 있다. 특히, 원재료를 형상화한 캐릭터 도안이 많은데, 위생과 안전성을 강조하면서 상품의 친근성을 강조하려는 의도로 볼 수 있다. 같은 품목이라도 공장에 따라 전혀 다른 서체를 사용하여 고유한 제품의 이미지를 부각하고 있다.

다섯째, 기관, 기업소별 고유한 상표(브랜드)를 표기하는데 공장명과 동일한 디자인, 제품의 특성 반영, 산이나 강 등 자연요소 등으로 구분할 수 있었다.

한편, 본 연구에서는 동해안 지역이라는 연구 범위의 특성에 따라 기존 연구에서 서해안 지역을 다루었다는 점과 비교하여 각각의 해안 유입에 따른 상품의 특성과 현황도 살펴보았다.

북한 포장재를 연구 대상으로 설정하고 북한상품의 현황과 특징을 분석할 때 한계는 생산날짜를 제대로 파악하기 어렵다는 점이다. 만약 생산날짜가 정확히 표기되어 있다면 시대순으로 북한상품의 변천 과정을 주요 특성으로 살펴볼 수 있을 것이다.

본 연구에서 다룬 북한 포장재에는 북한 상표법 규정에 따라 생산날짜를 '접합면에 표기'라고 되어 있지만, 잉크 도장을 찍는 형태이기 때문에 바다에 유입되면서 지워진 경우가 많다. 포장재 자체에 음, 양각 형태로 각인하는 경우는 거의 없어서 생산날짜를 정확히 파악하기 어렵다. 이러한 제약에도 불구하고 북한 포장재 쓰레기를 통한 연구는 현재 북한에서 어떠한 제품이 어디에서 어떻게 생산, 유통되는지를 파악할 수 있다는 장점이 있다.

특히, 북한 사회 내부 변화와 특징을 파악할 수 있는데, 예를 들어 본 연구에서 다룬 식료품의 경우 북한 당국이 강조하는 육아 정책에 따른 상품 생산 여부를 가늠해 볼 수 있다. 또한 앞서 살펴본 것처럼 식료품의 경우 식품의 안전성과 효능을 강조하는데 이러한 내용을 반영한 산업디자인 요소를 살펴볼 수도 있다.

결국 북한 연구의 정보가 제약되었다는 점을 고려할 때 한국 해안가에 유입되는 북한 포장재 쓰레기는 북한의 일상을 연구하는 주요한 지표로 활용할 수 있다. 따라서 시기와 장소에 따라 세부적으로 분류하고 북한 사회 변화와 연계한 특징을 분석하는 후속 연구로 이어질 필요가 있다.

참고문헌

논문

강동완, 「북한 상품의 현황과 특징: 서해5도 지역에서 수거한 생활쓰레기 중 상품 포장지 분석을 중심으로」, 『통일인문학』 87, 건국대학교 인문과학연구소, 2021, 273~329쪽.

강동완, 「동해안에 유입된 북한 생활 쓰레기 현황과 특징: 북한상품 포장재 분석을 중심으로」, 『한국과 세계』 5(3), 한국국회학회, 2023, 91~123쪽.

강동완·유판덕, 「북한 일용품 포장지를 통해서 본 북한 사회: 개별 일용품 특징과 정치, 경제, 사회적 함의를 중심으로」, 『통일문제연구』 34(1), 평화문제연구소, 2022, 41~71쪽.

유동호, 「식품위생법에서의 허위표시와 과장광고」, 『영남법학』 41, 영남대학교 법학연구소, 2015, 73~94쪽.

이영애·김형석·지원배, 「표시·광고법으로 본 인쇄광고 심의실태와 문제점에 관한 연구」, 『한국사회과학연구』 26(1), 청주대학교 사회과학연구소, 2004, 307~328쪽.

홍태석, 「광고에서의 허위·과장광고의 판단기준: 대법원 2008. 8. 21 선고 2007도7415판결을 대상으로」, 『법이론실무연구』 7(3), 2019, 239~257쪽.

한재헌, 「김정은 시대 북한의 소비정책과 담론」, 『인문사회21』 12(3), 2021, 2835~2848쪽.

출판

강동완, 『서해5도에서 북한쓰레기를 줍다』, 너나드리, 2021.
강동완·박정란, 『사람과 사람: 김정은 시대 북조선인민을 만나다』, 너나드리, 2015.

언론

평화문제연구소, https://blog.naver.com/ipa1983/161832117 (검색일: 2025.02.06).

미주

1) 이 글은 강동완, 「동해안 유입 상품 포장재 쓰레기를 통해서 본 북한상품 현황과 특징: 식음료 제품을 중심으로」, 『북한학보』 제50집 2호, 북한연구소·북한학회, 2025를 수정, 보완한 것임을 밝힙니다.

2) 『로동신문』, 2021.01.10.

3) 북한 내 한류의 확산 및 실태에 대한 상세한 논의는 강동완·박정란, 『사람과 사람: 김정은 시대 북조선인민을 만나다』, 너나드리, 2015 참조.

4) 강동완, 「동해안에 유입된 북한 생활 쓰레기 현황과 특징: 북한상품 포장재 분석을 중심으로」, 『한국과세계』 제5권 3호, 2023.

5) 한재헌, 「김정은 시대 북한의 소비정책과 담론」, 『인문사회21』 제12권 3호, 2021, 284쪽.

6) 평화문제연구소 https://blog.naver.com/ipa1983/161832117 (검색일: 2025.02.06).

7) 강동완, 「북한상품의 현황과 특징: 서해5도 지역에서 수거한 북한 생활 쓰레기 중 제품 포장재분석을 중심으로」, 279쪽.

8) 홍태석, 「광고에서의 허위·과장광고의 판단기준: 대법원 2008. 8. 21 선고 2007도7415 판결을 대상으로」, 『법률실무연구』 제7권 3호, 2019, 239~257쪽.

9) 이영애 외, 「표시·광고법으로 본 인쇄광고 심의실태와 문제점에 관한 연구」, 『한국사회과학연구』 26권 1호, 2004, 310쪽.

10) 유동호, 「식품위생법에서의 허위표시와 과장광고」, 『영남법학』 제41권, 2015, 74쪽.

11) 강동완, 「북한상품의 현황과 특징: 서해5도 지역에서 수거한 북한 생활 쓰레기 중 제품 포장재분석을 중심으로」, 『통일인문학』 제87집, 2021, 278쪽.

한류에 대한 사회 통제[1)]

: 교양과 처벌을 중심으로

전영선

1. 휴전선을 넘은 한류

한류 확산의 이유

한류가 휴전선을 넘었다. 그리고 빠른 속도로 확산하였다는 것이 다양한 경로를 통해 확인되었다. 북한에서 한류가 확산하게 된 근본 이유는 두 가지로 볼 수 있다.

하나는 북한에서 접할 수 없는 외부 문화로서 북한 주민의 정보 욕구와 문화 욕구를 충족한다는 점이다. 북한에서 외국의 문화를 접할 기회는 극히 제한적이다. 인터넷이 자유롭지 않고, 해외 문화에 대한 적대적 교육도 강하고, 외부 문화의 유통에 대한 통제도 강하다. 세계적인 인기의 한류가 외부 문화에 대한 북한 주민의 욕구를 채워주면서 새로운 문화에 대한 요구를 창출하고 있다.

다른 하나는 문화적 친연성이다. 북한은 사회주의적 사실주의를 바탕으로 오랫동안 독자적인 문화정책을 추진하였다. 이 과정에서 독자적인 문화정체성을 형성하였다. 북한의 문화정책은 내부적으로는 북한 주민을 하나로 묶는 코어로서 작동하였고, 대외적으로는 문화적 배타로 작동하였다. 자본주의 문화에 대한 거부감이 자연스럽게 형성되었다.

한류는 언어와 정서적 친연성으로 외부 문화에 대한 거부감을 해소한다. 언어가 같고, 한류에 구현된 공동체적 가치관은 북한 주민들에게도 이질적으로 느껴지지 않는다. 이런 이유로 한류는 북한에서 상당히 깊게 자리 잡았고, 영향력으로 작동하고 있다.

한류, 북한을 변화시킬 것인가?

한류는 국가 이미지를 높이는 것을 넘어, 문화 외교, 공공외교로 영향력을 높이고 있다. 특히 한류를 국적과 인종을 초월하여 세계적인 문화를 선도하면서, 한국의 주요 문화 자원으로 활용되고 있다.

국가 간의 교류에서 문화를 비롯한 소프트 파워의 영향력이 높아지고 있다. 소프트 파워를 어떻게 활용하고 극대화할 것인가를 다루는 소프트 파워 담론을 담아내는 개념에는 세 가지가 있다. 첫째, 최상위에 있는 개념은 '공공외교(Public Diplomacy)'이다. 둘째, '공공외교'와 중첩되기는 하지만 '공공외교'의 하위개념인 '문화외교(Cultural Diplomacy)'이다. 셋째, '국가브랜드(Nationalbrand)' 또는 '국가 이미지'이다.2)

북한에서 한류는 북한 변화의 단초가 되고 있다. 『워싱턴포스트』는 "냉전 시대에 소련 젊은이들이 비틀스의 음악을 불법 테이프로 들었고, 동독 젊은이들이 데이비드 보위(David Bowie)의 공연을 보기 위해 베를린 장벽에 모여들었던 것처럼 K-pop이 북한 젊은이들에게 비슷한 영향을 주고 있다."고 보도했다.3)

북한 내 한류 확산

한류는 한중 수교 이전부터 연변을 주요 경유지로 하여 북한으로 유입되었다. '고난의 행군' 이후 한류는 다양한 매체를 통하여 북한으로 유입되었다. 한류의 유입 경로는 주로 중국 국경 지역과 중국을 경유하는 비공식 류트이다.

북한으로 유입되기 시작한 한류는 북한 내부에서는 장마당을 비롯한 인적 네트워크를 통해 광범위하게 자리 잡았다. 중국과 국경을 접한 지역은 국경무역, 밀무역이 성행하면서 CD 등을 통해서 이른바 '이색적인 녹화물'이 유통되었다. 2003년 북한 내부의 정치 교양 자료를 보면 상황이 어느 정도인지 확인할 수 있다.

> 국경연선지대의 청소년들 속에 이색적이며 퇴폐적인 자본주의 사상과 생활풍조를 불어넣으려고 악랄하게 책동하고 있다. 최근 적들은 청소년들의 심리를 자극하는 이색적인 CD록화물을 우리 내부에

들여보내고 있다. 혜산시에서는 지난 8월 한 달 동안에만 해도 이색적이며 퇴폐적인 CD판을 수 천 개나 회수하였다.[4)]

고난의 행군 이후 생존을 위해 국경을 넘는 사례가 많아졌고, 중국을 통해서 남한의 노래, 영화, 드라마, 오락물 등의 영상물이 유입되기 시작하였다. 경제문제로 국경을 넘어 중국으로 들어온 사람들은 경제문제로 국경을 넘은 사람들이었다. 이들은 탈북이 목적이 아니라 중국에 친지 방문이나 장사를 위해 합법적으로 비자를 받고 나온 사람들이었다.

강동완은 북한 주민 100명을 대상으로 '북한 주민의 통일의식과 미디어 이용 실태조사'라는 프로젝트를 진행하였는데, 한류의 확산에 참여한 이들 북한 주민은 탈북이 목적이 아니라 중국에 친지 방문이나 장사를 위해 합법적으로 비자를 받고 나온 사람들이라는 점에 주목하였다.[5)]

북한의 대응과 통제

북한 체제는 당국의 철저한 통제 사회이다. 북한 정권 수립 이후 주체사상을 유일한 지도 이념으로 하는 '유일영도' 체계로 작동한다. 사실상 외부 세계와 단절된 채 살아왔던 북한 주민들이 중국을 오가는 사람들과 밀수를 통해 유입되기 시작한 한국 콘텐츠(이른바 한류)의 영향으로 외부 세계에 대한 정보를 인지하게 되었다.[6)]

북한 주민들이 중국으로 국경을 넘나들기 시작한 것은 세계적인 개혁개방 정책과 북한의 경제난 때문이었다. 1980년대 중반을 지나고, 사회주의 국가의 개혁·개방 정책의 추진과 시장경제로의 전환이 일어나기 시작하자 극단적인 폐쇄정책을 추진하기 시작하였다. 북한과 외교 관계를 맺고 있던 사회주의 국가의 체제 전환은 북한에 대한 체제 변화의 흐름으로 이어졌다.

1990년대 초반 북한은 일시적으로 세계의 변화에 맞추어, 일련의 대응 조치를 취하기도 하였다. 사회주의권 국가들과의 블록경제를 해체에 대응하여 '해외투자 유치'를 위한 법을 만들었다. 그리고 특구를 지정하여 제한된 범위 안에서 경제적인 대응을 시도하였다.

그러나 북한의 경직된 정치 체제와 경제를 위한 기본적인 인프라 부족, 시장경제에 대한 마인드 부족 등으로 인해 성과를 내지 못하였다. 여기에 제적인 위기에 봉착하면서, 체제 붕괴의 위기감이 고조되었다. 그리고 그 위기감은 곧 극단적인 폐쇄적인 정책으로 이어졌다. 세계의 흐름에 대한 대응력이 절대적으로 부족하다는 것을 인식한 상황에서 북한의 선택이었다.

개방의 한계는 김정은 시기에서도 이어졌다. 김정은 초기 세계화를 강조하면서, 달라진 모습을 보이기도 하였다. 북한에서 한류는 상당 기간에 이루어지면서 콘텐츠의 내용도 노래, 영화, 드라마, 오락프로그램으로 다양해졌다. 북한 내에서 유통되는 한류 콘텐츠가 이전과 비교할 수 없이 다양해졌다. 이러한 현상은 한류를 접하는 대상이 확대된다는 것을 의미한다.

하지만 북한에서 한류는 비공식 문화의 영역이다. 하지만 2019년 하노이 회담 이후로는 다시 강력한 통제 정책으로 이어졌다. 내부의 위기는 곧 강력한 문화통제로 이어졌다.

2. 북한 내 한류의 영향

북한 주민의 의식 변화

문화는 수용과 향유, 그 자체로 종결되는 것이 아니라 개인의 삶에 다양한 방식으로 영향을 미친다. 2000년대 들어와 북한에서 자본주의풍의 외모나 복식이 상당히 보편적으로 유행하고 있는 것으로 보인다.

한류로 인해 드라마의 말투, 옷차림, 머리모양 등에서 영향을 받고 있음을 확인할 수 있다. 그런데 이런 현상들은 단순히 유행의 차원 이상의 의식과 자아의 변화 차원에서 이해하는 것을 넘어선다. 아름다움을 기호화하는 젠더로서의 '육체'에 주목할 필요가 있다. 이것은 남성적 또는 여성적으로 멋있고 아름다운 몸이라는 이미지, 그리고 물질화된 기호로서의 '육체에 대한 관심'이 증가했다는 것으로 해석할 수 있다.7)

한국의 드라마나 기타 북한 외부로부터 북한 내부로 유입된 영상매체를 통해서 이전까지 주목하지 않았던 새로운 감각을 의식하기 시작한 것이다. 집단주의에서 희생과 공통성이 우선이던 것에서 차별화된 몸짓과 의미에 관심을 두기 시작한 것이다.

세련되게 행동하는 것, 세련되어 보이게 입는 것과 같은 개인의 취향은 그가 속한 가정의 배경과 환경, 가치관, 분위기, 권력, 계층과 같은 사회문화적 환경에 의해 결정된다.8) 북한 사회에서 이런 세련된 분위기를 평가하는 기준과 영향에서 한류가 차지하는 비중이 높아졌다.

북한 당국의 교양 사업에도 불구하고 새로운 문화의 유입은 북한 문화의 비교를 통해 문화적 우열로 작동한다. 북한에서는 사회주의 미풍양속에서 벗어나는 문화는 거부된다. 눈에 띄는 옷차림, 예를 들어 정서에 맞지 않는 무늬나 요란한 장식이 있는 옷, 품이 너무 좁은 옷과 같이 이색적인 옷차림을 해서는 안 된다.

그러나 모든 것을 평등하게 지향하지는 않는다. 북한 주민은 매 순간 지위를 겨루지 않더라도 지위가 있어 보이는 것이 일상에서 자신을 보호하고 더 나은 대우를 받는 것이 매우 중요하다는 것을 잘 알고 있다. 그리고 그러한 지위가 자신을 보호하는 데 유용하다는 것도 알고 있다. 속을 밝히고 지위를 겨루지 않더라도 지위가 높아 보일 수 있는 담배, 이동전화, 옷차림을 매우 중요하게 생각한다.9)

이러한 비교우의 전략에서 정보의 비중이 높아 졌다. 정보를 얼마나 많이 알고 있는지가 사회적 우열을 평가하는 지표로서 영향력이 높아졌다. 외부 세계를 접하지 않았던 상황에서는 알 수 없었던 외부 문화를 통해 접하면서 차이를 확인하게 된 것이다. 여기에 손전화의 사용과 중국을 왕래하는 사람들로부터 유입되는 외부 정보 그리고 장마당을 통한 장사와 개인사업의 확산은 기존의 북한 사회와는 다른 구조를 만들어내고 있다.

북한 주민의 생활양식 변화

한류를 비롯하여 외국 문화에 가장 민감한 계층의 하나는 청소년들이다. 청소년들은 비공식적 매체인 한국 드라마나 외국영화를 통해 접하는 문화를 모방하고, 그들만의 교감을 제스처와 언어로 남한 드라마의 대사를 차용하기도 한다. 남한 영상에 등장하는 언어로 대화를 나누는 현상은 젊은 세대에게서 두드러진다.[10)]

이들에게 있어 한국이나 외국의 영화·드라마는 세대 공감의 매개체이며, 이 속에 등장하는 육체 이미지는 이들에게 상징과 재현의 대상이 되었다. 남학생들은 액션 영화의 장면을 따라 하기도 하고, 여학생들의 경우에는 머리모양이나 의복, 장신구 등을 모방하기도 한다.

한국 드라마를 볼 수 있는 청소년들은 제한된 측면이 있다. 그러나 보지 않은 청소년들도 한류를 경험한 청소년들이 전하는 내용을 통해 간접적인 영향을 받는다. 이런 과정을 통해 한국 드라마나 영화가 청소년 세대에게는 유행의 척도가 되기도 하였다.[11)]

북한 청소년들에게는 한류가 일종의 지위재로 자리 잡았다는 것을 의미한다. 1970년대 남한 대학가에서는 이른바 '통블생(통기타, 불루진, 생맥주)'과 고고춤이 젊은이들의 생태로 자리 잡으면서 팝송을 좋아하는 취향은 자신을 돋보이게 만드는 '지위재(positional goods)'에 가까운 것이 되었던 것과 유사한 상황이다. 당시 영어로 된 노래를 듣는다는 것은 '나는 낙오자가 아니다'라는 상징이었다.[12] 북한 청소년들에게 한류가 지위재의 역할을 하는 것이다.

문화는 사회 구성원들에게 공통성을 부여하기도 하지만 차별적인 영역으로 작동하기도 한다. 부르디외는 문화적 취향과 사회적 불평등을 연결하여 해석하는 '문화자본론'을 주장하였다.

부르디외는 선호와 참여의 형태로 드러나는 개인의 취향이 선천적으로 타고나는 '개인적인' 것이 아니라 개인의 출신계급에 따라 가정과 학교에서 상이하게 진행되는 사회화의 과정에서 각기 다르게 경험되고 획득되는 '사회적인' 것임을 주장했다.[13] 북한에서 한류는 하나의 형태로 존재하는 단일 문화의 견고함에 균열을 내면서 문화적 차이, 즉 상층문화로서 위계를 만들고 있다.

3. 한류에 대한 대응

북한처럼 폐쇄적인 국가의 경우에는 외부 문화의 유입에 매우 민감하다. 북한에서 한류를 비롯한 외부 문화의 유입에 대한 대응 양상은 두 가지 형태로 나타난다.

하나는 외부의 영향력을 인정하고 제한적이나마 외부의 소식을 보여주면서, 내부적인 대응 콘텐츠를 만들어 공급하는 방식으로 대응하는 것이다. 다른 하나는 외부의 문화적 영향을 강하게 차단하면서, 내부 구성원들을 교양하거나 강력한 처벌로 대응하는 것이다.

외부 문화에 대한 제한적 허용

북한 당국은 외부 정보에 대한 북한 주민의 접근에 대해 철저하게 차단하는 정책을 일관되게 추진하고 있다. 동시에 제한적이기는 하지만 일부는 수용하기도 한다. 북한 주민들이 접촉하는 외부 문화의 영향이 커지면서, 막는 것으로는 어렵다는 판단 아래 자체적으로 대응하기 시작하였다.

북한의 국영 텔레비전 방송인 조선중앙TV가 해외 관련 프로그램을 정기적, 부정기적으로 방송하기도 한다. 주로 정규, 비정규 프로그램을 통해 간헐적으로 해외 문화를 소개하고 있는가 하면, 영화 드라마를 통해 해외 문화를 방영하였다.

조선중앙TV는 체제 선전을 위해 방송의 영향력을 유지하는

데 목적이 있다. 방송의 영향력을 유지하는데, 외부의 영향이 작동하는 것이다. 비공식 외부 정보 확산 속에 조선중앙TV는 일방적 체제 선전 방송과 드라마의 재방송 등으로 인해 북한 주민들의 관심이 약해지는 것에 대한 대응을 모색하지 않을 수 없었다.

시청자의 관심을 끌어들일 수 있도록 외국 축구 등 스포츠의 소개, 중국 드라마의 방영, '선정적'인 공연 등 오락의 확대와 증산을 위한 경제 선동 프로그램의 확대, 외부 세계와 첨단 과학 기술을 소개하는 등 부분적인 변화를 시도하고 있다.[14)]

북한 당국이 공식적으로 방영하는 방송물은 중국, 구소련 등의 공산권 국가에 편중되어 있다. 자본주의 문화에 대해서는 매우 제한적이다. 김정은 체제에서는 서구 자본주의사회에서 만들어진 오락영화가 방영되기도 하였다. 그런가 하면, 국제 스포츠 경기를 장기간 방송하고, 모란봉악단의 공연에서 미국의 팝송이 공연되는 등 과거와는 다른 파격적인 방송 편성이 시도되기도 하였다.[15)]

최근 영화, 드라마에서는 컴퓨터 그래픽(CG)를 활용한 참신한 영상과 다양한 촬영 기법을 활용한 눈요기 거리의 제공, 보다 현대적이고 국제적인 감각의 세트 구성과 방송원들의 세련된 모습은 북한 방송의 새로운 트렌드를 보여주는 것이자 외부 변화에 대한 내부의 대응을 보여주었다.

북한 당국 역시 외부 문화의 유입에 대해서는 "청소년의 디지털 중독 현상에 대해 비판적이면서, 한편으로 북한 당국은 디지털 이용을 차단하거나 억제하는 방식이 아닌 국가가 건전하고 계몽적인 디지털 콘텐츠를 개발하여 보급하는 방식으로 대응하고 있다."[16]

북한이 우선으로 대응하는 분야는 방송이다. 김정은정권 이후 특히 방송에서는 어느 때보다 빠르게 변화하고 있다. 북한은 방송 플랫폼을 다각화하고 프로그램의 포맷을 확장하면서 다양화를 시도하고 있다. 과거 방송에서 사실 중심의 보도 원칙에 따라서 단조롭게 진행하던 것에서 새로운 촬영 기법을 적극 활용하고, 다양한 편집 기술을 도입하였다.

'우리 국가제일주의'를 통한 '애국' 교양 강화

'우리 국가제일주의'가 처음 나온 것은 2017년으로 2017년 11월 미사일 발사를 보도한 『로동신문』에 처음 언급되었다. 이후 2018년 『로동신문』을 통해 국가상징을 소개하면서, 국가상징에 대한 재조명이 시작되었다. 이때를 즈음하여 국가를 표상하는 공연이나 문화가 나왔다.

'우리 국가제일주의'를 상징하는 것으로 대집단체조와 예술공연이 있다. 대집단체조와 예술공연은 1992년부터 시작하여, 김정은 시기까지 이어졌던 〈아리랑〉 공연을 마감하였다. 민족을 상징하는 '아리랑'이라는 제목이 사라지고, 국가를 표상하는 〈빛나는 조국〉(2018), 〈인민의 나라〉(2019)를 새로 공연하였다.

국가상징에 대한 선전 사업을 거친 이후 2019년 1월 1일 김정은의 신년사를 통해 공식으로 언급하였다. 2021년 조선노동당 8차 대회 '사업총화보고'에서 김정은은 7차 대회 이후 5년을 "우리 국가제일주의 시대"로 규정하였다.[17]

'우리 국가제일주의'의 핵심은 '부강국가'로서 자긍심, '새로운 국가부흥시대'를 향한 의지를 갖자는 것이다. '우리 국가제일주의'에 대한 교양 사업을 지역과 단위, 생산 현장별로 확대하였다. 우수 사례 보고대회까지 개최하였다. 이후 위기감이 높아지면서는 애국심과 결합하였고, 새로운 국가를 건설한 김정은의 정치적 업적으로 소개하였다.

'우리 국가제일주의'는 김정은 시대를 상징하는 키워드가 되었다. '우리 국가제일주의' 교양의 핵심은 '애국'이다. 사랑해야 하는 조국은 단순한 영토의 개념이 아니다. 조국은 '인민의 참된 삶이 있고 후손만대의 번영이 담보된 수령의 품'이었다. 이런 논리로 '애국'은 곧 '수령에 대한 충실성'으로 연결하였다.

> 조국은 단순히 나서자란 고향산천이나 선조들의 유골이 묻혀있는 령토적개념이 아니라 인민의 참된 삶이 있고 후손만대의 번영이 담보되여있는곳, 그곳은 다름아닌 수령의 품이라는 숭고한 조국관에 기초한 김정일애국주의는 수령에 대한 충실성을 최고의 애국으로 간주하고 수령의 위대성에 대한 긍지와 자부심을 가장 큰 행운으로 간직하도록 하는 정신적원동력[18]

이후로는 '국가'에 대한 애국심을 고취하기 위해 '국가'를 상징하는 교양 사업을 김정일 애국주의와 연결하여 강화하였다. 애국심을 강조하면서 경제 건설과 사회주의 체제 수호를 위한 투쟁을 호소하였고, 국가상징을 통한 교양 사업으로 이어졌다.

'우리 국가제일주의' 교양 사업으로 활용한 콘텐츠는 국가상징이었다. 국호, 국기, 국장, 국가, 국화, 국수 등의 국가상징에 대한 재조명이 이루어졌고, 국가상징을 콘텐츠로 한 문학예술 창작이 이루어졌다.

국가상징 콘텐츠의 대표하는 것은 국기이다. 국기를 주제로 한 가요 〈우리의 국기〉가 2019년 1월 1일자 『로동신문』에 악보와 함께 실렸다. 악보와 함께 "노래가 대단히 좋다. 전체 인민의 감정이 담긴 훌륭한 노래(를) 창작한 데 대하여 높이 평가하며 만족하게 생각한다"는 친필 서명을 게재하였다.

김정은이 극찬을 한 이후 가요 〈우리의 국기〉는 북한 주민이 모두 즐겨 부르는 노래가 되었다. 2019년 1월 12일자 『로동신문』에서는 「영광의 국기를 높이 날리며 인민은 승리하리라: 조국강산을 진감하는 노래 ≪우리의 국기≫에 대하여」라는 기사를 전면에 게재하는 등 가요 〈우리의 국기〉에 대한 사회적 반향을 적극적으로 소개하기도 하였다. 가요 〈우리의 국기〉는 북한을 대표하는 노래, 국기가 등장할 때 배경으로 사용하는 '국기 등장곡'으로 위상이 높아졌다.

2019년 가요 〈우리의 국기〉 위상을 가장 잘 보여준 두 번의 공연이 있었다. 하나는 2019년 1월 26일부터 베이징 국가대극원에서 개최된 북한예술대표단의 중국 공연이었다. 북한예술대표단의 공연은 북중 수교 60주년을 기념하는 공연으로 시진핑 내외가 참석한 가운데 진행되었다. 서곡(序曲)으로 중국 가요 〈장강의 노래〉에 이어서 〈우리의 국기〉를 불렀다.

다른 하나는 2019년 4월 12일에 개최된 '최고인민회의 대의원을 위한 예술공연'이었다. 최고인민회의 참가자들을 위한 축하공연으로 진행된 이 공연의 명칭은 〈우리의 국기〉였다. 서곡(序曲)은 〈우리의 국기〉였다. 8명의 어린이 합창으로 시작한다. 그리고 김옥주를 비롯한 가수들의 여성중창으로 8분여 동안 4절까지 불렀다. 또한 공연을 마무리하는 종곡으로 〈우리의 국기〉를 여성중창으로 불렀다. 이를 계기로 가요 〈우리의 국기〉는 북한의 국기가 등장하는 장면에서는 어김없이 배경으로 사용되기 시작하였다.[19)]

이후로도 〈우리의 국기〉는 "각지 당 조직에서는 당원들과 근로자들 속에서 공화국기와 더불어 간직한 우리 인민의 숭고한 사상감정을 활화산처럼 터쳐 주는 노래 〈우리의 국기〉를 통한 사상교양사업을 활발히 벌려 그들이 내 나라, 내 조국의 부강번영을 위해 자기의 모든 것을 다해나갈 의지로 심장을 끓이게 하고 있다"는 평가를 받으면서, 교양 사업의 콘텐츠가 되었다.[20)]

학교 교육에서도 국가상징을 통한 애국교양 사업을 중심으로 진행되는 등 국가 상징을 통한 애국 사업과 대중 교양 사업을 바탕으로 2021년에는 '우리 국가제일주의 시대'라는 구호가 나왔다. 그리고 2023년 2월 "국가상징들을 정중히 대하고 적극 보호하도록 하며 국가상징들에 대한 교육교양사업에 큰 힘을 넣어 우리 국가에 대한 긍지와 자부심, 애국심을 깊이 심어줄데 대한 문제"를 담은 「국가상징법」 제정으로 이어졌다.[21)]

4. 한류 대응으로서 교양

하노이 회담 이후 강화된 사회통제

김정은 체제의 문화정책은 2019년 하노이 회담을 계기로 이전과 이후로 달라졌다. 하노이 회담 이전까지 문화정책은 사회주의 제도를 자랑스럽게 생각하면서, 문명국의 시민으로서 갖추어야 할 긍지와 자부심, 생활 에티켓으로 강조하였다.

2019년 신년사에서 "우리 사회를 덕과 덕으로 화목한 하나의 대가정으로 꾸려 나가"기 위해서 "비도덕적이고 비문화적인 풍조가 나타나지 않도록" 해야 한다고 하였다. 2019년 신년사에서 강조한 "비도덕적이고 비문화적인 풍조"의 차단은 엄격한 통제보다는 우리식 문화에 대한 강조에 무게가 실린 표현이었다.

상황으로 볼 때 사회주의 도덕 문제는 위기에서 발로된 통제보다는 경제 발전 혹은 경제 개방과 관련하여 발생할 수 있는 '비사회주의적 행태'를 차단하고, 검열을 강화해 나가겠다는 의미였다. 즉 사회가 발전한다고 해서 '우리 것을 버려서는 안 되고, 잘 지켜야 한다'는 의미가 컸다.

경제 발전 속에서도 우리 것을 지키자는 의미였다. 2012년 김정은이 선언한 '사회주의 문명국'의 기조를 지키자는 것의 연장이었다. 김정은은 2011년 12월 17일 김정일 사망 이후 빠르게 형식적인 후계 절차를 진행하였다. 김정은은 2011년 12월 31일 최고사령관에 오르면서 군권(軍權)을 장악하였고, 2012년 1월 1일 육성으로 신년사를 발표하였다.

2012년 신년사는 김정은 체제의 비전을 밝히는 신년사이자 새로운 주체 100년을 시작하는 '새로운 한 세기'의 비전이었다. 김정은이 발표한 '주체의 새로운 한 세기'의 비전은 '사회주의 문명국'이었다. '사회주의 문명국'은 사회주의 제도를 유지하면서, 과학, 교육, 보건의료, 문화, 체육 분야에서 '세계적인 문명 수준'을 달성하여, 인민들에게 문명의 혜택을 누리게 하겠다는 비전이었다. 대외 문화의 차단보다는 우리 문화의 강조였다고 보아야 한다.

하지만 2019년 이후로 상황이 달라졌다. 하노이 회담은 합의없이 끝났다. 김정은이 선언한 '세계적 수준의 문명국 건설'은 현실적으로 어렵게 되었다. 2019년이 끝나가는 12월 28일 노동당 중앙위원회 제7기 제5차 전원회의를 개최하였고, 2020년 1월 1일 전원회의 결과를 발표하였다. 신년사를 대신하여 발표된 전원회의 결정의 핵심은 '정면돌파전'이었다. 대외 조건에 얽매이지 않고, 정면돌파를 통해 발전하겠다는 선언이었다.

하지만 '정면돌파전'을 선언하고 시작한 2020년이었지만 상황은 더욱 악화되었다. 2020년 코로나19 팬데믹이 발생하였다. 취약한 보건의료 체계로 대응하기 어려웠던 북한은 국경 봉쇄로 대응하였다. 엄격한 국경 봉쇄로 대외경제는 사실상 전면 중단 상태에 이르렀다. 여기에 가뭄, 홍수, 태풍의 자연재해도 있었다. 급기야 김정은도 경제와 식량 위기를 인정하면서, 공식 석상에서 '고난의 행군'을 언급할 상황에 이르렀다.

2021년 4월에 열린 '제6차 노동당 세포비서대회' 폐회사에서 김정은 "전진 도상에 많은 애로와 난관이 가로놓여 있으며 그로 말미암아 당 제8차 대회 결정 관철을 위한 투쟁은 순탄치 않다"면서, "나는 당중앙위원회로부터 시작해 각급 당조직들, 전당의 세포비서들이 더욱 간고한 '고난의 행군'을 할 것을 결심했다."고 하였다. 북한 체제의 최대 위기로 평가되는 '고난의 행군'을 직접 언급할 정도의 위기 상황이었다.

2019년 하노위 회담 이후 정치적 위기, 경제적 위기가 이어지면서, 김정은 초기에 강조하였던 휘황찬란한 미래를 그리던 '만리마속도'는 사라지고, '백두산 혁명'과 '천리마시대', '전쟁세대'가 호명되었다. '과감하게 세계를 보라'는 구호를 대신하여, '사회주의 진지 수호'가 나왔다. 위기 상황은 곧 사회 통제로 이어졌다.

'도덕기풍' 강화

하노이 회담 이후로는 대내외적인 위기 상황 속에서 체제 수호를 위한 사회 기강을 다지는 차원에서, '도덕 기강', '준법기풍'으로 강도가 높아졌다.

도덕 기강의 내용이 바뀌었다. 문명국의 시민으로서의 도덕이 아니라 사회주의 수호를 위한 정치성을 갖추는 교양, 수령의 위대성 교양으로 바뀌었다.

2020년대 들면서 부쩍 강조한 도덕기강은 문자 그대로의 '도덕'이 아니라 정치적 충성을 의미하였다. 북한에서 강조하는 도덕은 '김정은에 대한 절대적 신뢰와 도덕의리', '혁명선배에 대한 존대와 가족 돌봄', '상하, 혁명동지 사이의 존중과 사랑', '부모, 부부, 형제 사이의 존중과 사랑', '군인에 대한 원호', '공중도덕과 사회질서 준수', '비도덕적, 비양심적, 비문화적 현상과 투쟁 및 위반자에 대한 교양'이었다.[22)]

교양의 내용도 내용이지만 도덕 교양을 갖추는 문제를 체제 수호와 관련하여 '전투적'으로 진행할 것을 요구하였다. "패배주의, 건달식일본새, 안일해이와 같은 불건전하고 라태한 요소들은 다 사상적변질의 표현"이라면서, "혁명적인 사상의식과 높은 문화지식수준을 지니고 사업과 생활을 보다 전투적으로 진행"할 것을 요구하였다.[23)]

2019년 이후의 위기 상황은 체제에 대한 단속으로 이어졌다. 2019년부터 부쩍 강화하기 시작한 비사회주의, 반사회주의 척결

이 계속되고 있다. 조선로동당 제8차대회를 비롯하여 주요 대회를 통해서 사회주의 미풍양속을 교양하고, 비사회주의적이고, 반사회주의적인 생활 태도를 개선할 것을 요구하였다.

집단주의 도덕관을 체질화할 것을 강조하면서, '사회와 집단을 위하여 헌신하는 것'을 양심이자 도리로 간직하고, '개인의 이익보다는 집단의 이익을 귀중하게 여기고 집단을 위해서 투쟁하는 집단주의 도덕관을 체현할 것'을 강하게 요구하고 있다.

2021년 4월에 개최된 제6차 세포비서대회 김정은의 결론 「현시기 당세포강화에서 나서는 중요과업에 대하여」에서는 당세포의 아홉 번째 사업으로 '인간 개조 사업'을 언급하였다. 김정은은 '집단주의 안에서 서로 돕고 이끄는 공산주의 기풍을 차 넘치게', '인간 개조' 사업을 잘하여, '주인 구실을 잘하도'록 해야 한다고 강조하였다.[24)]

> 현시기 당세포앞에 나서는 과업은 아홉째로, 인간개조사업을 적극 벌리며 집단안에 서로 돕고 이끄는 공산주의적기풍이 차넘치게 하는것입니다. 인민대중중심의 우리 식 사회주의는 모든 성원들이 국가와 사회의 주인으로서의 본분을 자각하고 주인구실을 잘해나갈 때에만 자기의 본태와 우월성을 견지하고 발양시켜나갈수 있습니다.

그리고 '사회주의 도덕'을 지키지 못한 동유럽 사회주의 국가를 호명하면서, '사회주의 진지 수호'를 위한 필수 과제로서 도덕

문제를 제기하였다. "동유럽사회주의나라들의 교훈은 무엇을 보여주는가. 그것은 도덕문제를 소홀히 대한다면 사회주의의 기초를 약화시키는 결과를 초래하게된다는 것이다."라면서, 도덕에 대한 경각심을 갖고 대할 것을 요구하였다.[25]

북한은 체제 위기 때마다 대내적으로 외풍(外風), 외류(外流)에 흔들리지 않는 사상적 결속이 필요하다고 보고, 이를 사회주의 미풍양속으로 교양하면서 내부를 통제하였다.[26] 사회가 아무리 변해도 집단주의적인 가치관, 혁명선배를 존중하는 것이 시대적인 미풍양속으로 규정한다.

북한에서 말하는 '사회주의 미풍양속'은 사회주의를 지키기 위해 노력하고 헌신했던 혁명 선배를 존중하는 것, 군과 민이 하나가 되어 수령을 받드는 것이다. 이런 관계가 사회 관계의 기초이며, 사회발전의 기초라는 입장이다. "령도자와 전사들 사이, 혁명동지들 사이에 사랑과 믿음, 존경과 신뢰, 화목과 협조가 지배하는 사회가 전도 양양한 사회"라는 것이다. 역사적으로 볼 때 혁명선배를 존경하고 서로 돕고 이끄는 건전한 윤리관계가 허물어지면 민족도 혁명도 나라도 망한다는 것을 보여주었다면서, 수령을 위한 인민의 헌신적인 미풍을 소개한다.[27]

청년교양 강화

북한처럼 독재적이고 강한 질서를 원하는 사회일수록 오염에 관한 담론을 많이 생산할 수밖에 없다. 특히 청소년들은 그런

오염에 취약하고 불안정한 존재로 가장 쉽게 지목된다.

북한 당국의 입장에서 보았을 때 외부의 사조와 문화에 쉽게 동화되고 물들 수 있는 불안정한 대상이다.[28] 이런 이유로 반사회주의, 비사회주의 교양의 주요 대상은 청년이다. 청년은 "당의 후비대, 교대자"이기에 당의 혁명사업을 이어가기 위해서는 청년 교양 사업을 잘 해야 한다는 것이다. 청년 교양은 "한시도 소홀히 하거나 늦추지 말아야 할 최중대사"라고 강조할 정도로 중요하게 평가한다.

2021년 4월 29일에 개막한 청년동맹 제10차 대회 사업총화를 통해, "청년동맹중앙위원회가 청년 교양의 총적 목표를 실현하는데 중심을 두고 청년들에 대한 사상교양 사업을 실속있게 작전하고 드세게 내밀지 못한 문제", "초급선전일군들의 수준과 능력을 높여주기 위한 사업을 바로 하지 않은 문제"를 지적하면서, 청년동맹 사업에 대한 강도 높은 비판을 하였다.

청년동맹의 주요 사업 방향에 대해서는 "청년동맹조직들에서 혁명전통교양과 충실성교양, 애국주의교양, 반제계급교양, 도덕교양을 공세적으로 벌려 모든 동맹원들을 참된 애국충신, 백두산정신의 체현자들로 튼튼히 준비시키는 데 총력을 집중하여야 한다."고 하였다. 청년교양 강화를 요구하였다. 나아가 "교양사업에서 뜬소리를 하거나 구태의연한 방법에 매달려 건수나 채우는 현상을 철저히 극복하며 실천에서 생활력이 검증된 좋은 경험들을 찾아" 교양사업을 실속있게 전개할 것을 요구하였다.[29]

또한 2021년 4월에 있었던 제6차 세포비서대회를 통해 생활과 직결되는 세포비서의 선전 사업의 방향을 제시하였다. 제6차 세포비서대회 개회사에서 김정은은 세포비서들에게 10개의 과업과 12개의 기본 품성을 제시하였다.

김정은이 제시한 10가지 과업은 다음과 같다.

① 당의 노선과 정책으로 무장할 것.
② 5대교양(혁명전통교양, 충실성교양, 애국주의교양, 반제계급교양, 도덕교양)을 기본으로 사상교육사업을 실속있게 전개할 것.
③ 당규약 학습을 강화하고 당 생활을 정규화, 규범화할 것.
④ 당원의 당 조직 관념 고취와 자각적 당 생활 기풍을 확립할 것.
⑤ 세포 사업을 당대회와 당 중앙의 중요 결정 관철로 지향시키도록 할 것.
⑥ 과학기술의 힘으로 자기 단위 앞에 맡겨진 혁명 임무를 책임 수행할 것.
⑦ 입당 대상자들을 장악하고 교양하며 단련시키는 데 노력할 것.
⑧ 청년 교양에 특별히 주력할 것.
⑨ 인간개조 사업을 적극 전개하고, 공산주의적 기풍을 확립할 것.
⑩ 반사회주의, 비사회주의적 현상과의 투쟁을 전개할 것.

10개의 과업 중에서 여덟 번째는 청년교양 사업이었다. "지금 우리 청년들의 건전한 성장과 발전에 부정적영향을 미치는 요소들이 적지 않고 새세대들의 사상정신상태에서 심각한 변화가 일어나고 있는 현실"[30]을 지적하면서, 청년교양에 특별히 주력할 것을 요구하였다. 제6차 세포비서대회 결론에서는 “옷차림과 머리단장, 언행, 사람들과의 관계”까지 교양하고 통제해야 한다고 적시하기도 하였다.

‘정면돌파전’에서 청년들의 역할을 촉구하는 한편으로 청년들의 사상적 해이나 외래문화에 대한 오염을 방지하는 차원에서 청년을 대상으로 한 교양 사업을 전면적인 사회 문제로 강조하였다.

북한 당국의 청년에 대한 인식은 매우 부정적이다. 문제가 많은 “청년들을 어떻게 교양하고 준비시키는가 하는데 당과 혁명의 운명, 나라와 민족의 흥망성쇠가 달려있다”, “현실은 새 세대들에 대한 사상교양 사업을 더욱 강화하여 모든 청년들이 전위투사로서의 책임과 본분을 다해나가도록 할 것을 요구하고 있다”, “청년들이 이색적인 사상문화와 변태적인 생활풍조에 물젖으면 일하기 싫어하고 개인의 향락만을 추구하며 나아가서 당과 혁명, 조국을 배반하게 된다는 것이 세계사회주의운동사가 새겨주는 심각한 교훈이다”, “적들이 수단과 방법을 가리지 않고 반동적이며 퇴폐적인 사상문화적 침투책동에 집요하게 매여달리고 있는 현실” 등의 표현에서도 명확하게 확인된다.[31]

청년교양을 체제 위기와 관련한 문제로 인식하면서, 2021년 4월 29일 개최한 청년동맹 제10차대회를 평가하였다. 김정은 “언어례절, 인사례절, 공중도덕을 자각적으로 지키며 항상 외모를 단정하고 고상하게 하는 습성을 가져야 한다. 사회주의, 집단주의에 배치되는 자본주의사상, 개인리기주의를 비롯한 반동적인 사상요소들과 비타협적인 투쟁을 벌려야 한다."[32]고 하였다. '일체의 반동적인 사상 요소들과 비타협적인 투쟁'을 요구하였다.

그리고 2021년 9월에는 "모든 인민이 청년 교양의 주인"이 되어야 한다면서 청년 교양사업에 전 인민적 역량 투여할 것을 핵심으로 한 「조선민주주의인민공화국 청년교양보장법」을 채택하였다. 이로써 청년 교양 사업은 강력한 법적 구속력을 갖추었다.

이어서 2015년 5월 개최된 제2차 전국청년미풍선구자대회에서는 청년중시사상'을 강조하면서, '잘못 살아온 지난날과 결별하고 새 출발을 한 청년', '태여날 때부터 나쁜 사람이란 없으며', '교양개조하지 못할 청년은 없습니다', '뒤떨어진 청년들을 교양개조'등의 표현으로 청년교양 사업을 강조하였다. 그리고 2021년 9월에는 청년들을 교양하기 위한 근거가 되는 「조선민주주의인민공화국 청년교양보장법」을 채택하여 청년교양 사업을 제도적으로 공고히 하였다.

5. 준법기풍과 법적 통제

준법기풍

준법기풍은 김정은 체제가 시작된 이후로 줄곧 강조하였던 문제였다. 하지만 그 내용과 강도는 2019년 하노이 회담 이전과 이후가 달랐다. 2019년 하노이 회담 이전과 이후에 나온 『로동신문』의 내용을 비교해 보면 강도 차이가 분명하게 드러난다.

2019년 하노이 회담 이전까지 준법 기풍은 사회주의 문명국 건설을 위한 과정에서 인민들의 문화적 소양으로서 강조되었다. '인민이 누리는 문화정서 생활은 법에 의하여 철저히 보장'되기 때문에 준법을 통해 문화정서 생활을 지키기 위해서라도 법을 지켜야 한다는 논리였다.

> 오늘 우리앞에 나선 중요한 과업의 하나는 사회주의문명건설을 다그치는 것이다. 세계적인 정치군사강국을 일떠세운 기세드높이 문화분야에서도 세상에서 으뜸가는 문명국을 건설하자는것이 우리 당의 의도이다. 사회주의문명건설을 위한 투쟁이 더욱 고조되고있는 오늘의 현실은 전체 인민이 높은 문화적소양과 풍부한 정서, 고상한 도덕을 지니고 생활을 문명하고 락천적으로 해나갈것을 요구하고 있다. 우리 인민이 누리는 문화정서생활은 법에 의하여 철저히 보장되고 확고히 담보되고 있다.[33]

하지만 하노이 회담 이후로는 체제 수호를 위한 차원에서 준법 기풍이 강조되었다. '사상문화진지를 굳건히 수호'하기 위한 사상교양, 사상투쟁 사업이 되었다.

"사람들의 정신을 침식하고 사회를 변질타락시키는 온갖 불건전하고 이색적인 현상들의 자그마한 요소에 대해서도 경계심을 가지고 사상교양, 사상투쟁을 강도높이 벌리며 법적투쟁의 도수를 높여 우리 국가의 사상문화진지를 굳건히 수호하여야 합니다."[34]면서, 법적 차원에서 해결해야 할 강력한 투쟁 문제로 접근하기 시작했다.

준법 기풍은 코로나 팬데믹 이후로 더욱 강화되었다. 코로나 상황이 위급해지자 비상조치를 취하였고, 비상 방역 상황에서, 이탈을 막고자 "모든 부문, 모든 단위, 매 공민이 중앙과 지방의 각급 비상방역지휘부들의 지휘와 통제에 무조건 절대복종하고 제정된 질서를 철저히 준수하도록 법적 감시를 강화"하였다.[35]

위기 상황에서 국가의 통제를 벗어나려는 행위에 대한 강력한 조치가 필요하였다. 전면적인 사회 기강 확립과 통제가 필요한 상황에서 "국가의 결정과 지시, 국가계획을 홍정하는 것은 자유주의, 패배주의의 표현이며 위법행위이다. 인민경제 모든 부문, 모든 단위에서는 생산계획을 어김없이 수행하고 생산과 경영활동에서 제정된 규률과 질서들을 무조건 지키는 혁명적 기풍을 확립"할 것을 요구하면서, 준법이 핵심으로 부각되었다.[36]

계속된 위기에서 사회주의 문화를 지켜내지 못한다면 '피로써 건설한 사회주의 전취물'도 잃게 된다는 것을 호소하면서 강력한 법적 통제를 추진하였다. 사회주의 건설을 위해서는 사회주의 생활양식을 수립해야 하는데, 비사회주의, 반사회의 양식을 방관하게 되면 사회주의 혁명의 전지 발전을 방해하게 된다는 것을 강조하면서, 사회주의 운명과 직결된 문제로 접근하여 내부적 동요를 차단하고자 하였다.

2020년 이후 계속된 위기 상황에서 '우리 식 문화', '우리 식 제도'를 지켜야 한다는 '사회주의 진지 수호'를 중심으로 사회주의 도덕 기풍과 준법 기풍으로 이어졌다. 지금이나 외부로부터의 문화적 침투는 계속되고 있고, 이러한 침략으로부터 우리의 문화를 지켜야 한다는 논리였다.

출판, 방송과 마찬가지로 컴퓨터망과 무선통신 영역은 국가의 통제와 검열이 강하게 작동하는 영역이다. 북한의 내부 통제는 외부 세계의 통제와 함께 내부 방송, 언론에 대한 통제가 있다. 이러한 통제로 인해 북한 당국이 원하는 내용의 정보와 콘텐츠만을 유통할 수 있다.

외부 문화를 보거나 향유하는 구성원에 대해서는 처벌을 규정한다. 내부적인 역량이 충분하지 않은 상황에서 북한이 주로 선택하는 방식이다. 특히 '불건전한 자료'라는 매우 불명확한 개념으로 정보수집 및 유통·접근을 제외하고 있는 북한 법제의 태도는 국가에 의해 문제 있다고 판단되는 정보는 언제든지 '불건전'이라는 표현으로 처벌될 수 있어서 개인의 정보접근권을 매우

심각하게 위협하는 방식이라고 할 수 있다.[37]

외부 문화의 유입과 유통에 대한 법으로는 '퇴폐적인 문화의 반입과 유포를 비롯하여 불건전한 사회적 범죄를 규정한 「형법」, 법 질서 준수를 규정하는 법인 「인민보안단속법」, 신문, 잡지, 도서, 지도 등의 출판물에 대한 내용을 규정한 「출판법」, '인민들을 사상문화적으로 교양하여 사회주의 건설에 참여'하도록 규정한 「방송법」, 컴퓨터망에 의한 접근을 통제하는 「컴퓨터망관리법」, 전기적 수단에 의한 정보의 송수신을 규제한 「전기통신법」, 국가안전 및 공공질서 유지를 위해 정보를 관리하는 「기밀법」 등이 있다. 기존의 법에서 규정한 법 외에도 외부 문화에 대한 통제를 목적으로 「반동사상문화배격법」을 제정하기도 하였다.[38]

문화통제 법제

문화통제와 관련한 법 제정은 김정은 시기 문화통제의 특징이다. 문화통제와 관련한 주요 법제는 다음과 같다.

「반동사상문화배격법」

「반동사상문화배격법」은 2020년 12월 최고인민회의 상임위원회 전원회의를 통해 채택된 법이다.

「반동사상문화배격법」은 "반동사상문화배격법은 반동적인 사상문화, 반사회주의 사상문화의 류입, 류포 행위를 막기위한 투쟁을 힘있게 벌려 우리의 사상진지, 혁명진지, 계급진지를 강화하는데 이바지한다"는 목적으로 제정하였다.

「반동사상문화배격법」은 제1장 '반동사상문화배격법의 기본', 제2장 '반동사상문화의 류입 차단', 제3장 '반동사상문화의 시청, 류포금지', 제4장 '반동사상문화배격질서 위반 행위에 대한 법적 책임'의 4장으로 구성되어 있다.

「반동사상문화배격법」에서 규정한 '반동사상문화'는 "인민대중의 혁명적인 사상의식, 계급의식을 마비시키고 사회를 변질 타락시키는 괴뢰 출판물을 비롯한 적대 세력들의 썩어 빠진 사상문화와 우리식이 아닌 온갖 불건전하고 이색적인 사상문화"이다.

이런 반동사상문화를 배격하는 것은 "우리 제도를 붕괴시키려는 적들의 사상문화적 침투책동으로부터 사회주의 사상을 고수하고 사회주의 제도를 굳건히 수호하기 위한 필수적 요구"로 규정하였다. 국가의 모든 부문에서 "반동적인 출판 선전물을 류입, 시청, 류포하는 것과 같은 반사회주의적, 비사회주의적 행위들을 확고히 제압하고 견제"하는 것을 기본 원칙으로 한다.

「반동사상문화배격법」은 외부 정보를 포함하여 외부로부터 유입되거나 유포되는 방송, 영상, 도서 등과 정보통신 매체와 관련한 강력한 처벌이 포함되어 있다.

「반동사상문화배격법」 제7조 '반동사상문화배격 질서 위반자에 대한 처벌원칙'에 "국가는 반동사상문화를 류입, 시청, 류포하는 행위를 저지른자에 대하여서는 그가 어떤 계층의 누구이든 리유여하에 관계없이 엄중성 정도에 따라 극형에 이르기까지의 엄한 법적제재를 가하도록 한다"고 규정하였다.

「반동사상문화배격법」의 구체적인 처벌 규정은 매우 강하다. "괴뢰영화나 록화물, 편집물, 도서, 노래, 그림, 사진 같은것을 보았거나 들었거나 보관한자 또는 괴뢰노래, 그림, 사진, 도안 같은것을 류입, 류포한 자는 5년 이상 10년 이하의 로동교화형에 처한다. 정상이 무거운 경우에는 10년 이상의 로동교화형에 처한다."고 하였다. 그 양이 많은 경우, 집단적으로 시청, 열람하도록 조직하거나 조장한 경우에는 무기로동교화형이나 사형에 처하도록 하였다.

'성록화물, 색정 및 미신전파죄'에 대한 처벌 규정에서는 "많은 량의 성록화물 또는 색정 및 미신을 설교한 영화나 록화물, 편집물, 도서, 사진, 그림 같은 것을 만들었거나 류입, 류포하였거나 많은 사람에게 류포한 경우 또는 집단적으로 시청, 열람하도록 조직하였거나 조장한 경우"에는 '로동교화형 없는 사형'에 처하도록 하였다. 또한 세관검사를 비롯하여, 감독, 통제를 소홀히 한 경우나 종업원, 학생에 대한 교양과 통제를 소홀히 한 경우에도 처벌하게 되어 있다.

「청년교양보장법」

「청년교양보장법」은 2021년 9월 29일 최고인민회의 법령 제11호로 채택한 법이다. "국가의 청년중시정책을 철저히 관철하여 청년들을 주체혁명위업의 믿음직한 계승자로 튼튼히 준비시키고 청년강국의 지위를 더욱 공고히 해나가는데 이바지"하기 위한 목적으로 제정한 법이다.

「청년교양보장법」은 전5장 45조로 구성되어 있다.

1장은 '청년교양보장법의 기본'으로 청년중시 원칙, 청년사업 조건 보장 원칙, 사회주의생활기풍 원칙으로 구성되어 있다. 청년중시 사상을 일관성 있게 추진하여, 혁명의 대를 잇는 원칙을 지키고, 혁명적이고 문명한 생활기풍을 확립해야 한다는 것이다.

2장은 '사회주의건설투쟁에서 청년의 임무'이다. 청년들은 사회주의를 옹호하고, 사호주의 건설을 위해 당의 노선과 정책을 결사관철해야 하는 청년전위가 되어야 한다는 것이다. 특히, "백두산 정신으로 튼튼히 무장하고 사업과 생활에 철저히 구현해야 한다"(제8조)에 규정하였다.

3장은 '청년사업부문의 조건보장'으로 "내각과 위원회, 성, 중앙기관, 지방인민위원회, 기관, 기업소, 단체"는 "청년사업부문에 필요한 사회적환경과 조건, 물질적토대를 원만히 마련"할 것을 비롯하여, 청년회관, 청년야외극장 후원, 청년교양 일과보장, 답사, 참관, 견학조건 등을 보장할 것을 규정하였다.

4장은 "청년들에 대한 학교교양, 가정교양, 사회교양"이다. "학교와 가정, 사회가 청년들을 혁명적으로 교양하는 사업에서 자기의 책임과 역할을 다하"(제27조)도록 규정하였다. 가정교양에 대해서는 "부모는 가정교양에서 국가와 사회앞에 지닌 자기의 책임과 역할을 다하여 자식들이 학습과 조직생활을 잘하고 고상한 도덕품성을 지니며 맡은 일터와 초소에서 애국적헌신성을 높이 발휘하고 조국보위와 어렵고 힘든 부문에 적극 탄원하도록 하여야 한다"(제30조)고 규정하여, 청년에 대한 부모의 역할을 명시하였다.

5장 "사회주의 생활양식 확립"이다. '사회주의 생활양식에 대한 긍지와 자부심을 가져야 한다'면서, "우리 민족의 미풍량속과 사회주의생활양식에 맞게 머리단장과 옷차림을 항상 단정하고 고상하게 하여야 한다"(제39조 외모단장)고 하였다.

「청년교양보장법」 5장 제41조에는 '청년들이 하지 말아야 할 사항'으로 16가지 사례를 구체적으로 명시하였다.

청년들이 하지 말아야 할 행동 16가지는 다음과 같다.

1. 살인, 강도, 강간을 비롯한 강력범죄행위
2. 성불량행위, 음탕한 행위, 매음행위, 도박행위
3. 종교와 미신행위
4. 불순출판선전물을 류입, 제작, 복사, 보관, 류포, 시청하는 행위
5. 마약을 제조, 밀매, 보관, 사용하는 행위
6. 훔치기, 빼앗기, 속여가지기, 횡령행위를 비롯하여 국가 및 개인재산을 략취하는 행위
7. 구타, 폭행, 패싸움을 비롯한 사회공동생활질서를 문란시키는 행위
8. 끼리끼리 밀려다니거나 패를 뭇는 행위
9. 가정사정과 신병을 구실로 군사복무를 거부하거나 군사복무를 하지 않

을 목적으로 조혼, 신체검사와 생활평정을 부당하게 받거나 자기 몸에 상처를 내거나 도주하는것과 같은 군사복무동원을 기피 하거나 성실히 참가하지 않는 행위'

10. 무직건달을 부리거나 조직생활에서 리탈되여 떠돌아다니는 행위
11. 우리 나라 노래를 외곡하여 부르거나 우리식이 아닌 춤을 추는 행위
12. 우리 식이 아닌 이색적인 말투로 대화를 하거나 글을 쓰는 행위
13. 리혼, 조혼을 하거나 사실혼생활을 하는 행위
14. 우리 식이 아닌 이색적인 옷차림과 몸단장, 결혼식을 하면서 사회의 건전한 분위기를 흐려놓는 행위
15. 저속하고 몰상식하게 행동하여 사회의 안정과 질서확립에 저애를 주는 행위
16. 그밖에 공화국법에 저촉되는 행위

「청년교양보장법」에서 규정한 사항은 사실상 일상생활 자체를 규제하는 것이다. 조금이라도 북한 이외의 것을 접하지 못하도록 한 것이다.

「청년교양보장법」

「평양문화어보호법」은 북한이 국어(國語)라고 하는 평양문화어 보호를 명분으로 2023년 1월에 제정한 법이다. 「평양문화어보호법」에서 '비규범적 언어'의 오염원으로 규정한 '괴뢰'는 한국으로, 한류를 근본적으로 차단하기 위해 제정한 법이다. '괴뢰' 언어

의 사용과 유통, 일체를 금지하는 강력한 처벌을 규정하였다.

「평양문화어보호법」의 명칭은 '보호'이지만 조항은 '비규범적 언어'의 유입, 유포에 대한 엄중한 처벌을 규정하였다. "어휘, 문법, 억양 등이 서양화, 일본화, 한자화되여 조선어의 근본을 완전히 상실한 잡탕말로서 세상에 없는 너절하고 역스러운 쓰레기말"(제2조 정의)이라고 정의한 "괴뢰말투를 쓰는 현상을 근원적으로 없애"(제1조 (평양문화어보호법의 사명))는 목적의 강도 높은 처벌을 명문화하였다.

남북이 공용으로 사용하는 호칭인 '오빠'도 괴뢰말을 본뜬 행위로 규정하였다. 「평양문화어보호법」 제19조(괴뢰식부름말을 본따는 행위금지)에는 "소년단 시절까지는 ≪오빠≫라는 부름말을 쓸 수 있으나 청년동맹원이 된 다음부터는 ≪동지≫, ≪동무≫라는 부름말만을 써야 한다.", "공민은 혈육관계가 아닌 청춘남녀들 사이에 ≪오빠≫라고 부르거나 직무 뒤에 ≪님≫을 붙여부르는 것과 같이 괴뢰식 부름말을 본따는 행위를 하지 말아야 한다."고 적시하였다.

「평양문화어보호법」의 규제 내용과 처벌 대상은 "괴뢰말투를 따라하는 현상"부터 호칭 등의 언어생활, 남한의 출판물, '괴뢰말 또는 괴뢰서체로 표기된 물건짝', 대북전단을 비롯하여 '강하천이나 바다로부터 유입된 괴리말찌꺼기', '인터넷서체', '방송물', '그림', '사진', '족자', '휴대폰', '프로그램'에 이르기까지 모든 내용이 포함된다.

처벌 수위도 매우 강하다. 괴뢰 말투를 사용하는 공민은 물론, 괴뢰말이 유입될 수 있는 국경이나 강 하천 관리를 소홀히 하여서, 경내로 유입하도록 한 경우도 포함된다. 처벌에서도 '엄한 법적 제재'를 원칙으로 규정하였다.

「평양문화어보호법」 제6조 "괴뢰말투를 퍼뜨리는 자들에 대한 법적 처벌 원칙"을 보면 "국가는 괴뢰말투를 본따거나 류포한 자들에 대하여서는 괴뢰문화에 오염된 쓰레기로, 범죄자로 락인하고 그가 누구이든 경중을 따지지 않고 극형에 이르기까지 엄한 법적제재를 가하도록 한다"고 하였다.

처벌 방식도 처벌 의지를 분명히 하고, 시범을 보이기 위한 공개 처벌을 원칙으로 하였다. 「평양문화어보호법」 제35조(공개투쟁을 통한 교양)로 명시하여, 위반 사항이 적발된 경우에는 "자료폭로 및 군중투쟁모임, 공개체포, 공개재판, 공개처형 등 공개투쟁"을 통하여 "썩어빠진 괴뢰문화에 오염된자들의 기를 꺾어놓고 광범한 군중을 각성시켜야 한다."고 적시하였다.

외부의 사상이나 말투 등을 적극적으로 예방하여, 원천적인 유입을 차단하려는 의도가 확인된다. 「평양문화어보호법」 제정 이후 북한의 언론은 대한민국과 관련하여, '대한민국', '괴뢰한국', '괴뢰'로 표현하고 있다.

6. 한류 통제는 가능할까

하노이 회담 이후 북한은 체제의 돌파구가 없는 상황에서 내부 결속을 강화하면서, 통제 수위를 높일 것으로 예상된다. 효과는 미지수이다. 경제적인 어려움과 코로나로 인한 통제로 북한 주민의 스트레스와 불만은 높아졌다. 국제사회의 제재라는 외부의 압력과 북한 주민의 불만이라는 내부의 압력은 문화통제로 해결하기 어려운 과제가 되었다.

그렇다면 한류는 어떻게 될 것인가? 북한은 한류를 비롯한 외부 문화에 대한 처벌을 강제하는 것은 한류의 영향력이 크기 때문이다.

북한이 강력한 처벌로 통제하지 않으면 안 될 정도로 일상에 녹아들었다. 북한에서 한류는 낯선 것도 아니고 새삼스러운 것도 아니다. 정치적 통제력으로 문화적 욕망을 통제해서 성공한 사례는 없다. 북한에서 한류는 청소년을 넘어 다양한 방식으로 영향을 미쳤다. 북한 주민들에게 문화적 호기심을 자극하였다.

한류는 막거나 통제하는 것으로는 한계가 있다. 북한이 한류에 대응하기 위해서는 한류를 대체할 대응 문화가 있어야 한다. 문화적 대응력이 부재한 상황에서 정치적이고 법적인 통제로 막는다는 것은 현실적으로 불가능하다.

김정은 체제가 시작되면서, 북한식 세계화를 추진하면서 문화적 개방성도 높아졌다. 문화를 유통하는 수단도 다양해졌다. 과학을 강조하면서 컴퓨터의 활용이 늘어났다. 이에 따라서 한류 콘텐츠를 보관하고 유통하는 수단도 달라졌다.

초기의 테이프에서 CD, DVD, 노트텔에서 USB, 유심칩 등의 이동식 저장 장치의 용량이 커지면서 보관과 이용이 쉬워졌다. 법적 통제도 시간이 지나면 위력이 반감될 것이다.

남은 과제는 무엇일까? 한류의 생산적 유통으로 이어가야 한다. 현재의 한류는 북한 체제가 공급하지 못하는 문화적 공간을 채워주는 문화적인 소비로 역할한다. 남한 사회에 대한 긍정적인 인식을 만들기는 하였지만 영향력은 제한적이다. 한류의 확산을 사회 변화의 동력으로 만들기 위해서는 명확한 파악과 변화를 위한 전략적 접근이 필요하다.

참고문헌

논문

김보민, 「북한 민족제일주의 담론의 변화: 조선민족제일주의에서 우리 국가제일주의로」, 『현대북한연구』 24(1), 북한대학원대학교 북한미시연구소, 2021, 139~177쪽.

김수정·최샛별, 「부르디외의 지적 전통이 한국 문화정책에 갖는 함의: 문화자본론과 옴니보어론을 중심으로」, 『문화정책논총』 32(2), 한국문화관광연구원, 2018, 33~55쪽.

이주철, 「김정은 시대 북한 방송언론의 변화: 조선중앙TV를 중심으로」, 『북한연구학회보』 18(2), 북한연구학회, 2014, 203~232쪽.

이주철, 「조선중앙TV 2000년대 프로그램 변화 연구」, 『북한연구학회보』 15(2), 북한연구학회, 2011, 265~290쪽.

전미영, 「북한의 외래문화 수용 실태와 문화전략: 북한 텔레비전 방송 분석을 중심으로」, 『통일정책연구』 23(1), 통일연구원, 2014, 129~155쪽.

전영선, 「'민족제일'에서 '국가제일'로: '우리 국가제일주의'의 의미와 전망」, 『KDI북한경제리뷰』 22(7), 한국개발연구원, 2020.

전영선, 「'사회주의 미풍양속'과 준법기풍을 통해 본 북한의 문화 검열」, 『통일인문학』 84, 건국대학교 인문학과학연구소, 2020, 43~70쪽.

전영선, 「북한의 '우리 국가제일주의'와 국기(國旗) 콘텐츠를 활용한 문화예술」, 『국가안보와 전략』 21(2), 국가안보전략연구원, 2021, 161~188쪽.
조대식, 「소프트파워 시대의 한국 공공외교와 문화외교」, 『국제문제연구』 9(3), Research Institute for International Affairs, 2009, 2~15쪽.

출판

강준만, 『한류의 역사』, 인물과사상사, 2020.
조정아·조영주·조은희·최은영·홍민, 『새로운 세대의 탄생: 북한 청소년의 세대경험과 특성』, 통일연구원, 2013.
『월간 북한』 2014년 8월호, 북한연구소, 2024.
김수암·강채연·박진아·윤보영, 『북한 주민의 정보접근에 관한 연구』, 통일연구원, 2020.
조정아·조영주·조은희·최은영·홍민, 『새로운 세대의 탄생: 북한 청소년의 세대경험과 특성』, 통일연구원, 2013.
정은미·정은이·변학문·한승대, 『북한의 정보화와 주민생활 변화』, 통일연구원, 2021.

언론

평화문제연구소, https://blog.naver.com/ipa1983/161832117 (검색일: 2025.02.06).

북한 자료

로동신문, 「(사설) 경애하는 김정은동지의 력사적서한을 높이 받들고 조선청년운동의 새로운 전성기를 열어나가자」, 『로동신문』, 2021.05.03.

로동신문, 「경애하는 김정은 동지께서 조선로동당 제6차 세포비서대회에서 결론 ≪현시기 당세포강화에서 나서는 중요과업에 대하여≫를 하시였다」, 『로동신문』, 2021.04.09.

로동신문, 「국가의 법과 규정을 철저히 지키자」, 『로동신문』, 2020.03.23.

로동신문, 「노래 〈우리의 국기〉를 통한 사상교양사업 활발: 각지 당 조직에서」, 『로동신문』, 2019.01.14.

로동신문, 「우리의 문화와 생활양식을 고수하고 빛내여 나가자」, 『로동신문』, 2020.03.30.

로동신문, 「전사회적으로 도덕기강을 더욱 철저히 세우자」, 『로동신문』, 2020.03.07.

로동신문, 「조선로동당 위원장이시며 조선민주주의인민공화국 국무위원회 위원장이신 우리 당과 국가, 군대의 최고령도자 김정은동지께서 력사적인 시정연설을 하시였다」, 『로동신문』, 2019.04.13.

로동신문, 「조선민주주의인민공화국 최고인민회의 상임위원회제14기제24차전원회의진행」, 『로동신문』, 2023.02.03.

로동신문, 「주체적청년운동의 강화발전을 힘있게 추동하게 될 새로운 전환적계기 김일성−김정일주의 청년동맹 제10차 대회 개막」, 『로동신문』, 2021.04.29.

로동신문, 「청년들을 당의 사상과 위업에 끝없이 충실한 전위투사로 튼튼히 준비시키자」, 『로동신문』, 2020.05.22.

리현숙, 「김정일애국주의는 우리 국가제일주의의 사상정신적원천」, 『철학, 사회정치학 연구』 2018년 3호, 과학백과사전출판사, 2018.

오충국, 「도덕은 우리 사회를 떠받드는 기초」, 『로동신문』, 2021.03.14.

황금철, 「준법기풍을 전사회적인 기강으로 확립하는것은 사회주의강국건설의 필수적요구」, 『로동신문』, 2019.02.03.

미주

1) 이 글은 전영선, 「북한의 사상 교양과 문화 통제: 2019년 이후를 중심으로」, 『통일과 담론』 제2집 제2호, 국립통일교육원, 2023을 수정, 보완한 것임을 밝힙니다.
2) 조대식, 「소프트 파워 시대의 한국 공공외교와 문화외교」, 『국제문제연구』 제9권 제3호, 2009, 5쪽.
3) 강준만, 『한류의 역사』, 인물과사상사, 2020, 727쪽.
4) 『(대내에 한함) 국경연선주민정치사업자료: 국경연선지대의 청소년들을 견결한 수령결사옹위투사로 키우자』, 조선로동당출판사, 2003, 2쪽; 조정아·조영주·조은희·최은영·홍민, 『새로운 세대의 탄생: 북한 청소년의 세대경험과 특성』, 통일연구원, 2013, 132쪽에서 재인용.
5) 강동완, 「북한의 한류현상과 사회변화」, 『월간 북한』 2014년 8월호, 북한연구소, 2024, 35쪽.
6) 위의 글, 32쪽.
7) 조정아·조영주·조은희·최은영·홍민, 『새로운 세대의 탄생: 북한 청소년의 세대경험과 특성』, 통일연구원, 2013, 83쪽.
8) 김수암·강채연·박진아·윤보영, 『북한 주민의 정보접근에 관한 연구』, 통일연구원, 2020, 113쪽.
9) 위의 책, 116쪽.
10) 위의 책, 107쪽.
11) 조정아·조영주·조은희·최은영·홍민, 앞의 책, 93~94쪽.
12) 강준만, 앞의 책, 50쪽.
13) 김수정·최샛별, 「부르디외의 지적 전통이 한국 문화정책에 갖는 함의: 문화자본론과 옴니보어론을 중심으로」, 『문화정책논총』 제32집 2호, 한국문화관광연구원, 2018, 36쪽.
14) 이주철, 「조선중앙TV 2000년대 프로그램 변화 연구」, 『북한연구학회보』 제15권 제2호, 북한연구학회, 2011; 이주철, 「김정은 시대 북한 방송언론의 변화: 조선중앙TV를 중심으로」, 『북한연구학회보』 제18권 2호, 북한연구학회, 2014 참고.
15) 전미영, 「북한의 외래문화 수용 실태와 문화전략: 북한 텔레비전 방송 분석을 중심으로」, 『통일정책연구』 제23권 1호, 통일연구원, 2014, 152~153쪽.
16) 정은미·정은이·변학문·한승대, 『북한의 정보화와 주민생활 변화』, 통일연구원, 2021, 208쪽.

17) 김보민, 「북한 민족제일주의 담론의 변화: 조선민족제일주의에서 우리 국가제일주의로」, 『현대북한연구』 제24권 1호, 북한대학원대학교 심연북한연구소, 2021, 140쪽.
18) 리현숙, 「김정일애국주의는 우리 국가제일주의의 사상정신적원천」, 『철학, 사회정치학 연구』 2018년 3호, 과학백과사전출판사, 2018, 15쪽.
19) 전영선, 「북한의 '우리 국가제일주의'와 국기(國旗) 콘텐츠를 활용한 문화예술」, 『국가안보와 전략』 제21권 2호, 국가안보전략연구원, 2021, 180쪽.
20) 「노래 〈우리의 국기〉를 통한 사상교양사업 활발: 각지 당 조직에서」, 『로동신문』, 2019.01.14.
21) 「조선민주주의인민공화국 최고인민회의 상임위원회제14기제24차전원회의진행」, 『로동신문』, 2023.02.03.
22) 「전사회적으로 도덕기강을 더욱 철저히 세우자」, 『로동신문』, 2020.03.07.
23) 「우리의 문화와 생활양식을 고수하고 빛내여 나가자」, 『로동신문』, 2020.03.30.
24) 「경애하는 김정은 동지께서 조선로동당 제6차 세포비서대회에서 결론 ≪현시기 당세포강화에서 나서는 중요과업에 대하여≫를 하시였다」, 『로동신문』, 2021.04.09.
25) 오충국, 「도덕은 우리 사회를 떠받드는 기초」, 『로동신문』, 2021.03.14.
26) 전영선, 「'민족제일'에서 '국가제일'로: '우리 국가제일주의'의 의미와 전망」, 『KDI북한경제리뷰』 제22권 제7호, 한국개발연구원, 2020, 37쪽.
27) 전영선, 「'사회주의 미풍양속'과 준법기풍을 통해 본 북한의 문화 검열」, 『통일인문학』 제84집, 건국대학교 인문학연구원, 2020, 54~55쪽.
28) 조정아·조영주·조은희·최은영·홍민, 『새로운 세대의 탄생: 북한 청소년의 세대경험과 특성』, 통일연구원, 2013, 132쪽.
29) 「주체적청년운동의 강화발전을 힘있게 추동하게 될 새로운 전환적계기 김일성-김정일주의 청년동맹 제10차 대회 개막」, 『로동신문』, 2021.04.29.
30) 「경애하는 김정은동지께서 조선로동당 제6차 세포비서대회에서 결론 ≪현시기 당세포강화에서 나서는 중요과업에 대하여≫를 하시였다」, 『로동신문』, 2021.04.09.
31) 「청년들을 당의 사상과 위업에 끝없이 충실한 전위투사로 튼튼히 준비시키자」, 『로동신문』, 2020.05.22.
32) 「(사설) 경애하는 김정은동지의 력사적서한을 높이 받들고 조선청년운동의 새로운 전성기를 열어나가자」, 『로동신문』, 2021.05.03.
33) 황금철, 「준법기풍을 전사회적인 기강으로 확립하는것은 사회주의강국건설의 필수적요구」, 『로동신문』, 2019.02.03.
34) 「조선로동당 위원장이시며 조선민주주의인민공화국 국무위원회 위원장이신 우리 당과 국가, 군대의 최고령도자 김정은동지께서 력사적인 시정연설을 하시였다」, 『로동신문』, 2019.04.13.

35) 「국가의 법과 규정을 철저히 지키자」, 『로동신문』, 2020.03.23.

36) 위의 글.

37) 김수암·강채연·박진아·윤보영, 『북한 주민의 정보접근에 관한 연구』, 통일연구원, 2020, 71쪽.

38) 위의 책, 65~75쪽.

지은이 소개

김성수: 남가주대(USC) 정치학박사. 한양대학교 정치외교학과 교수. 유럽아프리카연구소 소장. 미래문화융합연구센터 센터장. 『글로벌 거버넌스와 문화』 편집위원장. 저서로 『정치경제학』, 위기의 국가』, 『새로운 패러다임의 비교정치』, 『현대아프리카의 이해』, 『The Role of the Middle Calss in Korea Democratic Transition』 등 다수가 있다.

강동완: 성균관대학교 정치학박사. 동아대학교 정치외교학과 교수. 동아대학교 하나센터장. 사단법인 통일한국 이사장. 저서로 『서해5도에서 북한쓰레기를 줍다』, 『북한인권, 사진으로 외치다』, 『그들만의 평양』, 『압록강 700리, 북한기차역과 사람들』, 『김정은의 음악정치』, 『통일의 눈으로 몽골을 다시보다』, 『북한담배: 프로파간다와 브랜드의 변주곡』 등 다수가 있다.

서유석: 동국대 정치학박사. 북한연구소 연구실장, 월간 북한 편집장, 북한학회 부회장, 전 민주평통 상임위원, 전 서울시 통일교육위원. 저서로 『북한 불교의 이해』, 『김정은시대의 북한 인물 따라

가 보기』, 논문으로 「김정은체제 '경제', '사회주의' 강조의 의미와 과제」, 「북한 돌격대조직의 구조와 역할 전망」, 「북한 열병식 개최의 역사와 성격변화」 등 다수가 있다.

전영선: 한양대 문학박사. 건국대학교 인문학연구원 교수. 통일부 정책자문위원, 『평화통일』 편집위원. 저서로 『함께 하는 느린 통일』, 『북한 아파트의 정치문화사』, 『공화국의 립스틱: 김정은 시대 뷰티와 화장품』, 『찾아라 만리마 슈퍼마켓 새우맛튀기과자』, 『어서와 북한 영화는 처음이지』, 『NK POP: 북한의 전자음악과 대중음악』, 『북한의 체육정책과 체육문화』, 『북한에서 여자로 산다는 것』 등 다수가 있다.

하승희: 북한대학원대학교 북한학박사. 동국대학교 북한학연구소 연구초빙교수. 남북교류협력지원협회 자문위원. 저서로 『Here Comes the Flood: Perspectives of Gender, Sexuality, and Stereotype in the Korean Wave』(공저), 논문으로 「북한 주민들의 노래 개사를 통한 현실 풍자와 규범의 전복: 폐쇄된 사회의 창조적 저항」 등 다수가 있다.